AF666169

# DAS BUCH DES LICHTS
## Band XIII

## SANSKRIT

## संस्कृत

*Sprich mit den Göttern*

LANOO
(Christian Anders)

IMPRESSUM
Übersetzung aus dem Englischen: Elke Straube
Copyright © 2022: Verlag Elke Straube
Schriftsatz und Gestaltung: Elke Straube
Coverdesign: Steffen Hartmann
Herstellung: Books on Demand GmbH
ISBN: 978-3-949377-08-2

# Willkommen

beim SANSKRIT-UNTERRICHT
im BUCH DES LICHTS

तेजस्वि नावधीतमस्तु

Tejasvi nâvadhîtamastu

Mögen unsere Studien voll des Lichts
sein!

Wir danken dem Indologen und Professor für indische Altertumskunde
Prof. Dr. Dr. Mylius für seine Mitarbeit an diesem Buch.

Sanskrit oder Saṁskṛita ist die heilige Sprache
Indiens und bald, geleitet durch
DAS BUCH DES LICHTS,
die Sprache der ganzen Welt. OM.
Von "kṛi" plus Vorsilbe "sam" = etwas perfekt oder
vollkommen zu machen.
Die Saṁskṛita Schrift ist Devanâgarī.
"Heilige Tempelschrift".
Von deva - Gott, nagara - (Tempel).
Devanâgarī
wird auch für Hindi, die Nationalsprache Indiens,
benutzt.

## Satzzeichen in Sanskrit

Sanskrit ist aber auch eine Sprache von Shabdas (Wörter, die als Laute ausgesprochen werden), bis die Lipi-Ära (Schreiben mit einer Schrift) begann. Davor wurde die Sprache nur durch das Hören der Lehren des Gurus (कर्णपरम्परा-कर्ण - Ohr, परम्परा - Linie) und wiederholtes Üben in vorgeschriebenen Formen praktiziert. Da die Sprache und die Fächer eins zu eins geübt wurden, waren Satzzeichen wie Fragezeichen, Ausrufezeichen, Punkte, Kommas, Doppelpunkte usw. nicht erforderlich. **Aber** nachdem man sich später dazu entschlossen hat, in devanagari lipi zu schreiben, kann man diese Satzzeichen verwenden, um das zu betonen, was schriftlich kommuniziert wurde.

Also: Satzzeichen waren für das vokale Sanskrit **nicht** erforderlich und wurden daher in der Vor-Lipi-Ära nicht verwendet.

# VORWORT

## Die Wahrheit über Sanskrit

Die meisten Sanskritgelehrten werden jetzt graue Haare bekommen beim Lesen dieses Buches, aber das kümmert mich wenig, denn die Zeit ist gekommen, die WAHRHEIT des Sanskrit zu verkünden und nicht die Lügen, die man heute meist über Sanskrit verbreitet.
Es gilt jetzt wieder, logisch zu denken, sich klar auszudrücken, mit intellektueller Schärfe und Einsicht, geleitet durch *DAS BUCH DES LICHTS* und seine Zweigschriften! OM. *DAS BUCH DES LICHTS* und *SPRICH MIT DEN GÖTTERN* vermitteln zum ersten Male Studenten **und** Indologen die wahre HEILIG OKKULTE Bedeutung des Sanskrit.
Wie kann der Leser dieses Buches davon profitieren? Durch klareres Denken, größere philosophische und religiöse Ansicht, durch ein feineres Verständnis der Klarheit und Feinheit des Ausdrucks subtiler metaphysischer, philosophischer und wissenschaftlicher Unterscheidungen, die in keiner anderen Sprache zu finden sind.

Dieses Buch öffnet dem Leser die Tür zu einer anderen Welt, enthüllt ihm einen Weisheitsschatz, den die Sanskrit-Sprache für ihn bereit haelt. Philologen erkennen, wenn auch zögernd, mehr und mehr an, dass Sanskrit die Mutter aller Sprachen ist. Die vergleichende Philologie des Buches des Lichts liefert uns den unbestreitbaren Beweis dafür, dass die Vorfahren der Hindus, Iraner und Griechen, der Slawen und Litauer und Deutschen, der Italiener und Kelten in fernen Zeiten EINE Sprache sprachen und als einzelnes Volk Wohnorte gemeinsam hatten. Sanskrit ist eine "göttlichen Sprache", weil gelehrt und gesprochen von den Göttern.

Man kann nicht umhin zu sehen und zu wissen, dass eine so alte und so perfekte Sprache wie das Sanskrit - um unter allen Sprachen allein überlebt zu haben - ihre Zyklen der Vollkommenheit und ihre Zyklen der Degeneration gehabt haben muss. Intuitiv kann man sehen, dass das, was man eine "tote Sprache" nennt, eine Anomalie ist, ein nutzloses Ding. Dieses Sanskrit aber, das der Welt fast verloren ging, breitet sich jetzt durch *DAS BUCH DES LICHTS* langsam in Europa aus und wird eines Tages die Ausdehnung haben, die es vor tausenden von Jahren hatte – die einer universellen Sprache, zurückführend zur Urquelle allen Seins. OM.

So wie ein Botaniker das Alter eines Baumes aus der Anzahl seiner Äste und dem Umfang seines Stammes abschätzen kann, so kann ein durch das BDL geleiteter Linguist das Alter einer Sprache aus der Anzahl ihrer Zweigdialekte erfahren. Da es keine Sprache gibt, die in ihren Formen und mit so vielen Zweigen und Unterzweigen so vollkommen ist wie das **in diesem Buch gelehrte** Sanskrit, MUSS es als die älteste aller existierenden Literatursprachen angesehen werden und darum ist sie auch die reichste an Wissen über die wunderbaren und unergründlichen Möglichkeiten des menschlichen Geistes, den Weg zur Quelle suchend. OM.

*DAS BUCH DES LICHTS LEHRT*: Die Veden, der Brahmanismus und zusammen mit diesen Sanskrit, waren Importe in das, was wir heute als Indien betrachten, aber heimisch waren sie dort nie. SORRY, liebe Indologen! LERNT UND VERSTEHT! Es gab eine Zeit, als die alten Nationen des Westens unter dem Gattungsnamen Indien viele der Länder Asiens zusammenfassten, die jetzt unter anderen Namen klassifiziert wurden. Es gab ein Ober-, ein Unter- und ein Westindien, selbst während der verhältnismäßig späten Zeit Alexanders; und Persien (Iran) wird in einigen alten Klassikern als Westindien bezeichnet. Die Länder, die jetzt Tibet, Mongolei und Große Tataren heißen, wurden von ihnen als Teil Indiens angesehen. Wenn wir daher sagen, dass Indien die Welt zivilisiert hat und die Alma Mater der Zivilisationen, Künste und Wissenschaften aller anderen Nationen (Babylonien und vielleicht sogar Ägypten eingeschlossen) war, meinen wir das ARCHAISCHE, prähistorische Indien, also Indien aus der Zeit, als die große Gobi ein Meer war und das verlorene "Atlantis" Teil eines ununterbrochenen Kontinents, der am Himalaja begann und über Südindien, Ceylon und Java bis ins ferne Tasmanien reichte. OM. Ehre sei dem *BUCH DES LICHTS.*
Woher stammt nun die Sanskrit-Sprache? *DAS BUCH DES LICHTS* lehrt: Eine der frühesten der arischen Sprachen, ein direkter Nachkomme eines atlantischen Vorfahren, war der philologische Elternteil dessen, was heute als Sanskrit bekannt ist. In der Antike in Indien und in der Heimat der Arier, bevor sie über Zentralasien nach Indien gelangten, wurde diese sehr frühe arische Sprache nicht nur von der arischen Bevölkerung verwendet, sondern in den Heiligtümern der Tempel gesprochen und weiterentwickelt, als ein weitaus feineres Vehikel zum Ausdruck abstrakter religiöser und philosophischer Vorstellungen und Gedanken. Und diese Sprache, die so von Eingeweihten des arischen Stammes entwickelt und bearbeitet wurde, erhielt schließlich den Namen Sanskrita (perfektioniert), was eine ursprüngliche natürliche Sprache bedeutet, die

von Eingeweihten vervollkommnet worden war, um weitaus subtilere und tiefere Unterscheidungen auszudrücken als gewöhnliche Menschen jemals für nötig finden würden. *DAS BUCH DES LICHTS* lehrt: Sanskrit ist das Werk der Götter, weil diese Sprache so fähig geworden war, gottähnliche Gedanken und tiefe spirituelle Feinheiten und philosophische Unterscheidungen auszudrücken. So wurde Sanskrit zur Mysteriensprache der Eingeweihten der arischen Rasse. Dies bezieht sich auf das Sanskrit der ursprünglichen vedischen Schriften, eine vollständigere Form als das spätere oder klassische Sanskrit, das viele seiner früheren, originelleren und bei effektiver Verwendung sehr aussagekräftigen grammatikalischen Schönheiten verloren hat. Diese verloren gegangene Schönheit wird in diesem Buch wieder aus ihrem Dornröschenschlaf zum Leben erweckt!

War Sanskrit in Atlantis bekannt? Sie war den Atlantiern in ihrer Blütezeit nicht als gesprochene Sprache bekannt, aber in der entarteten oder späteren Zeit von Atlantis, als die frühesten Arier bereits auf dem Schauplatz der Geschichte erschienen waren, war diese frühe arische Sprache, die Wurzel des Sanskrit, in Existenz, und die arischen Eingeweihten waren damals dabei, sie als ihre Tempelsprache oder Mysteriensprache zu vervollkommnen.

So wurde Sanskrit unter den Atlantiern zwar nicht gesprochen und kann auch nicht als atlantische Sprache bezeichnet werden, obwohl seine verbalen Wurzeln bis in die früheste atlantische Zeit zurückreichen. Sanskrit ist eine typisch arische Sprache, d. h. hochgradig flektiert, vielleicht die am höchsten flektierte heute bekannte Sprache, sogar noch mehr als das Altgriechische, die nächsthöhere flektierte Sprache. Die Sprache der dritten Wurzelrasse war weitgehend lautmalerisch, d. h., sie reproduzierte bestimmte Laute der Natur, die durch den menschlichen Gebrauch und lange Sitte schließlich als Mittel zur Übermittlung menschlicher Gedanken, menschlicher Bedürfnisse und menschlicher Wünsche etabliert und verstanden wurden. Diese Laute sind die Wurzeln aller Sprachen, wie sie in späteren Rassen existierten. Dann kam die atlantische Sprache, was Philologen als agglutinierte Sprache bezeichnen, d. h., eine Kombination von Verbalwurzeln oder Wörtern ohne Veränderung oder Beugung. Einige der heute auf der Erde existierenden Sprachen sind von dieser Art, wie die meisten Sprachen der amerikanischen Redskins und der Mongolen. Diese verklebte Zunge wurde immer komplexer und grammatikalischer, da sich im Laufe der Zeit langsam die Beugungen entwickelten, bis schließlich die Agglutination in Flexion überging, wodurch die frühen Sprachen der fünften Wurzelrasse entstanden. Sanskrit ist also eine vervollkommnete arische Sprache, die stark gebeugt ist.

*DAS BUCH DES LICHTS* lehrt, dass Atlantis, wie das moderne Europa, viele Nationen und viele Dialekte umfasste, die aus den drei urzeitlichen Wurzelsprachen der ersten, zweiten und dritten Wurzelrasse stammten (siehe BDL). Da das Hauptelement in den Sprachen der Fünften Rasse das Arier-Sanskrit ist, war das vorherrschende Element in Atlantis eine Sprache, die heute überlebt hat, aber in den Dialekten einiger amerikanischer Indianerstämme und in der Sprache der Binnenchinesen, also der Bergstämme von Kivang-ze.
Die heutigen gelben Rassen sind die Nachkommen der frühen Zweige der Vierten Rasse. Die einzigen reinen und direkten Nachkommen der dritten Rasse sind ein Teil der gefallenen und degenerierten Australier, deren weit entfernte Vorfahren einer Abteilung der siebten Unterrasse der dritten Rasse angehören. Der Rest von ihnen ist gemischter lemuro-atlantischer Abstammung. Seitdem haben sie sich in Statur und intellektuellen Fähigkeiten völlig verändert.

*DAS BUCH DES LICHTS* lehrt:
Sprachen haben seit BILLIONEN von Jahren, also seit dem Wiedererwachen des Universums, ihre zyklische Evolution, ihre Kindheit, Reinheit, ihr Wachstum und ihren Verfall, so auch die primitive Sprache der zivilisierten atlantischen Rassen, als "Rakshasi Bhasa" in alten Sanskrit-Werken geschildert.
Während die Elite der Vierten Rasse mehr und mehr zum Höhepunkt der physischen und intellektuellen Evolution strebte und so der aufkommenden Fünften (der arischen) Rasse die flexionierten, hochentwickelten Sprachen als Erbstück hinterließ, verfiel das Agglutinativ und blieb als ein fragmentarisches fossiles Idiom, jetzt fast nur noch auf die Ureinwohner-Stämme Amerikas beschränkt.

*DAS BUCH DES LICHTS* lehrt:
Eine der ältesten Legenden Indiens, die in den Tempeln durch mündliche und schriftliche Überlieferung bewahrt wird, besagt, dass vor mehreren hunderttausend Jahren im Pazifischen Ozean ein riesiger Kontinent existierte, der durch geologische Umwälzungen zerstört wurde und dessen Fragmente verblieben als Madagaskar, Ceylon, Sumatra, Java, Borneo und den wichtigsten Inseln Polynesiens.
Die Hochebenen Hindustans und Asiens sind in jenen fernen Epochen nur durch große, an den Zentralkontinent angrenzende Inseln vertreten gewesen. Nach BDL hatte dieses Land eine hohe Zivilisation erreicht, und die Halbinsel Hindustan, die zur Zeit der großen Katastrophe durch die Verdrängung des

Wassers vergrößert wurde, hat die Kette der primitiven Traditionen, die an diesem Ort geboren wurden, fortgesetzt. Diese Traditionen geben den Völkern, die diesen riesigen Kontinent mit Äquinoktien bewohnten, den Namen Rutas, und aus ihrer Rede wurde das Sanskrit abgeleitet.

Woher aber stammt die alphabetische Schrift des Sanskrit, bekannt als Devanâgarī? Es leitet sich von Senzar ab, der alten Mysteriensprache, die allen Eingeweihten in jedem Teil der bewohnten und zivilisierten Welt bekannt war. Senzar war die geheime priesterliche Sprache oder Mysterienrede aller Adepten, die der obersten Esoterischen Bruderschaft angehörten. Es war die Sprache, in der die nun im BDL enthüllten, geheimen Werke geschrieben wurden, die die Geschichte der archaischen Kontinente und Rassen sowie die Prophezeiungen der Zukunft bewahren. OM! EHRE SEI *DEM BUCH DES LICHTS*! Senzar war der direkte Vorläufer des Devanâgarī und des vedischen Sanskrit, der Sprache, die in den heiligen Tempeln von den Eingeweihten, die alle in dieser okkulten Sprache bewandert waren, entwickelt worden war.
Diese Mysterienrede, Senzar, wurde in den Geheimkommentaren und in den Strophen von Dzyan verwendet. Das älteste chaldäische Dokument über okkultes Lernen, die Siphra Dtseniouta, wurde aus dem Buch Dzyan zusammengestellt, und zwar zu einer Zeit, als letzteres bereits im Lichte eines literarischen Relikts betrachtet wurde.
Darüber hinaus lehrt BDL über das Buch Dzyan: Es wurde in Senzar geschrieben, der geheimen Priestersprache, aus den Worten der göttlichen Wesen, die es den Söhnen des Lichts in Zentralasien zu Beginn der 5. (unserer) Rasse diktierten, denn es gab eine Zeit, in der diese Sprache (der Senzar) den Eingeweihten jeder Nation bekannt war, als die Vorfahren der Tolteken sie ebenso leicht verstanden wie die Bewohner des verlorenen Atlantis, die sie ihrerseits erbten von den Weisen der 3. Rasse, den Manushis, die es direkt von den Devas der 2. und 1. Rasse gelernt haben. OM!
Einge Kabbalisten behaupten, dass es in der Antike ein Wissen und eine Sprache gab. Dies ist richtig. Aber man muss noch hinzufügen, um die Sache klar zu machen, dass dieses Wissen und diese Sprache seit dem Untertauchen der Atlantier OKKULT waren. Der Mythos vom Turmbau zu Babel z. B, wie gelehrt in *DIE WAHRE BEDEUTUNG DER BIBEL*, bezieht sich auf diese erzwungene Geheimhaltung. Menschen, die in Sünde fielen, galten als nicht mehr vertrauenswürdig für den Empfang eines solchen Wissens, und da es universell war, wurde es auf wenige beschränkt. So wurde die "Eine-Lippe" - oder die Mysteriensprache - den nachfolgenden, einander misstrauenden Generatio-

nen nach und nach verweigert, alle Nationen wurden einzeln auf ihre eigene Nationalsprache beschränkt. Aber in jedem Land und jeder Nation blieben Eingeweihte, und die Israeliten hatten wie alle anderen ihre gelehrten Adepten. Einer der Schlüssel zu diesem universellen Wissen ist ein rein geometrisches und numerisches System; das Alphabet jeder großen Nation hat einen numerischen Wert für jeden Buchstaben und darüber hinaus ein System der Permutation von Silben und Synonymen, das im Indischen zur Perfektion geführt wird. Okkulte Methoden, die das Hebräische jedoch sicherlich nicht hat. Die nehmen das meiste immer noch sehr wörtlich, nicht den okkulten Hintergrund verstehend.

Sanskrit ist also die Mysteriensprache der Eingeweihten der arischen Rasse, während Senzar die Mysteriensprache der späteren Atlantier war und noch immer von den Mahatmans als die edelste Mysteriensprache verwendet wird. Sanskrit wird erst in diesem Buch in seiner **wahren systematisierten Form** gelehrt. Allein das hebt *DAS BUCH DES LICHTS* über alle anderen okkulten UND wissenschaftlichen Schriften.

Es ist also das VACH, die mystische Sprache, die pulsierenden oder vibrierenden Töne bezeichnend, die in ihren Silben und Wörtern verborgen liegen. Diese in einem Mantra angeordneten Töne sind eine Kraft in den Händen eines Menschen, der mit den Zusammenhängen von Klängen, Zahlen, Farben und Hierarchien im Kosmos vertraut ist.

Das Singen eines Mantras ist kein Gebet, sondern ein magischer Satz, in dem sich das Gesetz der okkulten Kausalität mit dem Willen und den Handlungen seines Sängers verbindet und von ihm abhängt. Es ist eine Abfolge von Sanskrit-Klängen, und wenn seine Wort- und Satzfolge gemäß den magischen Formeln des Atharva Veda ausgesprochen auch von wenigen verstanden wird, erzeugen einige Mantras eine sofortige und sehr wunderbare Wirkung. In seinem esoterischen Sinne enthält es das bereits erwähnte Vach (die "mystische Sprache"), das im Mantra oder besser in seinen Klängen wohnt, da die Wirkung auf die eine oder andere Weise gemäß den Schwingungen des Äthers erzeugt wird. Die "süßen Sänger" wurden so genannt, weil sie Experten in Mantras waren. Daher die Legende in China, dass der Gesang und die Melodie der Lohans im Morgengrauen von den Priestern aus ihren Zellen im Kloster Fang-Kwang gehört werden. Die erlösende Mantra des *BUCHES DES LICHTS* ist die herrschende Mantra Version des OM MANI PADME HUM. Dieses jetzt wieder erweckte Vach oder das „mystische Selbst“ des Sanskrit war die Priesterrede der eingeweihten Brahmanen und wurde von Eingeweihten aus der ganzen Welt studiert.

Dazu lehrt *DAS BUCH DES LICHTS*:
Die priesterliche Sprache (Senzar) kann außer einem eigenen Alphabet in mehreren Schreibweisen in Chiffren wiedergegeben werden, die mehr der Natur von Ideogrammen als von Silben entsprechen.
Das Neter-Khari oder hieratische Alphabet oder die göttliche Rede der Ägypter ist übrigens sehr eng mit diesem alten Senzar und auch mit Devanagari verwandt.

*DAS BUCH DES LICHTS* berichtet von einem wunderbaren tibetischen Baum namens Kounboum, also "dem Baum der 10.000 Bilder und Zeichen". Er wird in keinem anderen Breitengrad wachsen, obwohl das Experiment manchmal versucht wurde, und er kann nicht einmal aus Stecklingen vermehrt werden. Die Tradition besagt, dass der Baum aus dem Haar eines der Avatare Tsongkhapa, einer der Inkarnationen Buddhas, entsprang. Jedes seiner Blätter trägt beim Öffnen entweder einen Buchstaben oder einen religiösen Satz, geschrieben in heiligen Schriftzeichen, und diese Buchstaben sind in ihrer Art von solcher Vollkommenheit, dass z. B. die Schriftgießereien von Didot nichts Übertreffenderes enthalten. Öffnen Sie die Blätter, deren Vegetation sich entfalten wird, und Sie werden dort, sobald diese erscheinen, die Buchstaben oder die verschiedenen Wörter entdecken, die das Wunder dieses einzigartigen Baumes sind! Richten Sie Ihre Aufmerksamkeit von den Blättern der Pflanze auf die Rinde ihrer Zweige, und neue Charaktere werden Ihren Augen begegnen! Heben Sie die Schichten dieser Rinde an, und noch andere wunderschöne Charaktere werden sich zeigen. Denken Sie aber nicht, dass diese übereinander liegenden Schichten denselben Schrift Druck wiederholen. Ganz im Gegenteil; für jede Schicht, die man anhebt, um ihren unterschiedlichen Typ zu sehen, entstehen neue Wunder!
Das Buch des Lichts erklärt, dass die Schriftzeichen, die auf den verschiedenen Teilen des Kounboum erscheinen, im Senzar (oder der Sprache der Sonne) sind (altes Sanskrit) und dass der heilige Baum in seinen verschiedenen Teilen die gesamte "Schöpfungsgeschichte" und im Wesentlichen die jetzt wieder erwachte Lehre des *BUCHES DES LICHTS* enthält!

DEVANĀGARĪ ist so heilig, dass die früheren Brahmanen das Wort BRAHMAN unter Todesstrafe nicht aussprechen durften! Wie tief sind wir doch gefallen!! DENN: Ursprünglich durften nur die Dwijas, d. h., die „Zweimalgeborenen" und die Dikshitas, die Eingeweihten, diese literarische Kunst verwenden. In Indien, wie auch in vielen anderen Ländern, die der Sitz der archaischen Zivilisation waren, war es der religiöse Brauch seiner esoterischen Institutionen, alle heiligen und geheimen Aufzeichnungen im Gedächtnis zu behalten, anstatt sie in ein Material eingravieren oder niederschreiben zu lassen. Nur die Priesterschaft verfügte zusätzlich zu den mnemonischen Aufzeichnungen über eine ideographische oder syllabische Schrift, die verwendet wurde, wenn sie als zweckmäßig oder notwendig erachtet wurde, wie im Fall der Kommunikation zwischen ihnen und den Eingeweihten, die andere Sprachen sprechen. In jenen längst vergangenen Zeiten wurde das Schreiben in der Bevölkerung nicht mehr als notwendig empfunden und als heilige Kunst allein den Tempelschreibern vorbehalten.

Echte Devanâgarī - nicht-phonetische Zeichen - bedeuteten früher die äußeren Symbole, sozusagen die Zeichen, die in der Kommunikation zwischen Göttern und eingeweihten Sterblichen verwendet wurden. Daher ihre große Heiligkeit und das Schweigen, das während der vedischen und brahmanischen Zeit über jeden Gegenstand aufrechterhalten wurde, der sich mit Lesen und Schreiben befasst oder sich darauf bezieht.
Daher kann der Name Devanâgarī, ein Wort, das „göttliche Stadt“ oder „Tempel“ bedeutet, als „göttliche Stadt-Schrift“ oder „Tempel-Schrift“ interpretiert werden. Diese Stadt wurde von NILAKANTHA AGNI wieder auf dem Internet errichtet unter dem Namen DIE STADT DES LICHTS.
BDL lehrt, dass die Devanâgarī-Charaktere alle musikalisch sind und dass sie die Macht in sich haben, die okkulte Bedeutung von Klang zu vermitteln. Jeder Buchstabe oder jede Buchstabenkombination entspricht bestimmten spirituellen oder irdischen Dingen. Da das Devanâgarī-Alphabet neben zahllosen Kombinationszeichen fünfzig Buchstaben enthält, ist der Spielraum für die Vermittlung mystischer Wahrheit sehr groß. Jeder Buchstabe hat seine Entsprechung in anderen Sprachen, seine Entsprechung in einer oder mehreren Zahlen der Rechentabelle, neben zahlreichen anderen Bedeutungen sowie in der Erweckung von Kuṇḍalinî.

Die Devanâgarī-Zeichen, wie sie zuerst unter Eingeweihten und privilegierten Männern verwendet wurden, hatten eine symbolische und ideographische Form. BDL lehrt, dass alle alten Schrifttypen, d. h. alle alten lithographischen Schriftzeichen, ursprünglich eine symbolische Form hatten. Jedes alphabetische Zeichen oder Ideogramm war ein Umriss, der ursprünglich ein Bild vermittelte, dann verloren diese Umrisse durch den Gebrauch allmählich ihre bildliche oder ideenangebende Kraft und durch ständigen Gebrauch und schnelles

Schreiben immer mehr Details des Bildes, bis sie schließlich nur noch konventionelle Zeichen oder Buchstaben des Alphabets wurden.

*DAS BUCH DES LICHTS* lehrt:
Die Sanskrit-Sprache wird eines Tages wieder die Sprache der Menschen auf dieser Erde sein, zuerst in der Wissenschaft und in der Metaphysik, später im allgemeinen Leben.

*DAS BUCH DES LICHTS* lehrt:
Wissenschaftler werden bald Sanskrit als einzige natürliche Sprache einstufen, die aufgrund ihrer inhärenten Stringenz und Logik als Programmiersprache für Computer geeignet ist. Mögen sie Sanskrit nicht missbrauchen.

Sprache verläuft in Zyklen und ist nicht immer ausreichend, um spirituelles Denken auszudrücken, es sei denn, man wendet sich nun ihrer wahren Bedeutung und ihrem wahren Ursprung, dem Sanskrit, zu.

Bald werden spirituelle Gedanken und spirituelle Lehren mehr und mehr vorherrschen und Sanskrit wird diese erhabenen Ideen ausdrücken. Die hier gelehrte Sanskrit-Sprache hat bereits Wörter und Begriffe für all die kompliziertesten Vorgänge der spirituellen und inneren Welten des Seins. Es ist eine wissenschaftliche Sprache und wird durch das Studium der Metaphysik und der **wahren** okkulten Wissenschaft, wie gelehrt im *BUCH DES LICHTS*, bereichert.

Und nun liebe Leser,

LASST EUCH VON SANSKRIT ERFÜLLEN!

SPRECHT MIT DEN GÖTTERN!

***EHRE SEI DEM BUCH DES LICHTS!***

# Inhaltsverzeichnis

## DAS KARMA DES SANSKRIT

Wir erleben jetzt, gelenkt durch *DAS BUCH DES LICHTS*, die REINKARNATION DES SANSKRIT[1], einst den EINGEWEIHTEN der FÜNFTEN ÂRYA-WURZELRASSE bekannt. Das Karma des SANSKRIT besteht darin, wieder über alle anderen Sprachen der Welt zu herrschen und sie wieder zu VEREINEN, denn SANSKRIT ist die Mutter aller Sprachen[2]. Und wieder einmal wird SANSKRIT die Reinsten der kommenden SECHSTEN WURZELRASSE EINWEIHEN. Alle, die *DAS BUCH DES LICHTS* so beeindruckt hat, dass sie alle Bände mindestens ZWEIMAL lesen, gehören automatisch zur aufstrebenden SECHSTEN WURZELRASSE. Wir sind im Moment nur einige wenige, doch wir werden bald viele MILLIONEN sein. Während der Rest die volle Wirkung des KALI-YUGA wird erfahren müssen, werden wir durch die Weisheit und das Wissen, welches uns im *BUCH DES LICHTS* enthüllt wird, gerettet und nach oben getragen vom KOSMISCHEN STROM eines sich überlappenden SATYA-YUGA oder KRITA-YUGA, denn es ist ein Zeitalter der UNSCHULD, des $^{4}/_{4}$ der Wahrheit, wenn tatsächlich DHARMA oder die WAHRHEIT die Oberhand gewinnt.

Ihr, die Kinder von KUṆḌALINÎ, wisst, was mit WAHRHEIT und REINHEIT gemeint ist. Bewahrt eure sexuelle Energie, vergeudet sie nicht auf der Suche nach weltlichem Vergnügen, seid EINS im GEIST, und nur, wenn ihr euch entschieden habt, neues Leben zu schaffen - dann vereinigt euch KÖRPERLICH. OM. Es wird euer DHARMA sein, die Botschaft vom *BUCH DES LICHTS* auf der ganzen Welt zu verbreiten, deren Reinheit nur vollständig weitergegeben werden kann mit einer Sprache, die ihrer HÖCHSTEN WEISHEIT entspricht. Diese Sprache ist SANSKRIT, MUTTER aller arischen[3] Sprachen. Es ist das DHARMA des Lesers, SANSKRIT zu studieren und dann zu lehren, zusammen mit der Botschaft, die enthüllt wird im *BUCH DES LICHTS*. OM. Du brauchst kein anderes Buch[4], um SANSKRIT zu studieren.

---

1 Und seiner Schrift DEVANÂGARÎ.

2 Obwohl die mongolischen Sprachen ATLANTISCHEN Ursprungs sind. OM.

3 Wichtig! Wann immer in diesem Buch der Begriff ARIER oder ARISCH erscheint, ist damit nicht die durch den Nationalsozialismus entstellte Bedeutung dieses Begriffes gemeint, sondern nur und ausschließlich das in den Jahrtausende alten Veden verwendete Sanskrit Wort ARYA, welches "rein", "unschuldig", "weise" etc. bedeutet und ALLE Eingeweihten ALLER Rassen einschließt.

4 Die deutsche Übersetzung und das englische Original.

Seid vorbereitet, das HEILIGTUM zu betreten, ich werde jetzt einen der SIEBEN SCHLÜSSEL ZU UNSTERBLICHKEIT UND ERLEUCHTUNG enthüllen. Die übrigen Schlüssel werden nur dem enthüllt, der *DAS BUCH DES LICHTS* auch LEBT und in der Meditation saññāvedayitanirodha anstrebt, also DIE AUFHEBUNG aller Wahrnehmung und Empfindung und damit WAHRE TODLOSIGKEIT. Sei stark und vorsichtig! JEDES Wort, welches du in SANSKRIT schreibst oder sprichst, **berührt** die monadische Ebene. Wenn du sagst "DEVACHAN" (Himmel) oder wenn du nur "DEVACHAN" देवचन् schreibst oder sogar nur liest, berührst du buchstäblich die jenseitige Himmelswelt, und wenn du "Hölle" oder "AVÎCHI" oder अवीचि sagst, liest oder schreibst, dann BERÜHRST du die Höllenwelt.

SANSKRIT ist nur dafür gemacht, von den REINSTEN der REINEN gemeistert zu werden oder von denen, die entschieden haben, das zu werden, was sie bereits SIND, nämlich

REIN, EINFACH und UNSCHULDIG

UND BEREIT ZUR RÜCKKEHR NACH

NIRVÂṆA -

DEM ENDE DES LEIDENS

# O M

# SANSKRIT

Sanskrit ist die Sprache der Zukunft. Sie wird alle Nationen wieder vereinen - unter einem neuen Ziel: NIRVÂṆA. Bisher haben sich alle - getrieben von Nichtwissen - von innen nach außen entwickelt. Die Zeit ist jetzt gekommen, Politik, Kunst, Kultur und Wissenschaft in den Dienst einer neuen Entwicklung, der INVOLUTION, also den Weg zurück zur Quelle allen Seins, zu stellen. Möge Sanskrit diesen Prozess der Involution beschleunigen. OM.
Sanskrit wird heute meist falsch gelehrt. Ich ermutige und lade deshalb den Leser dazu ein, das wahre Sanskrit zu lernen. Eigentlich muss man Sanskrit gar nicht lernen, du kennst es bereits, du hast es nur VERGESSEN. Also erinne dich ...

Woher stammt Sanskrit?

Sanskrit stammt aus präatlantischen Zeiten vor Millionen von Jahren. Das war lange bevor die Arya über Zentralasien Indien erreichten. Die Eingeweihten nutzten diese heilige Arya-Wurzel des Sanskrit und entwickelten und vervollkommnten sie ("samskrita"). Diese Perfektion befähigte sie, gottähnliche Gedanken auszudrücken. Es wurde die geheime Tempelsprache. Also ist Sanskrit eine typisch arische Sprache.

Erinnere dich:

1. Dritte Wurzelrasse - onomatopoetisch (schallnachahmend), reproduziert bestimmte Laute der Natur. Diese Laute sind die Wurzel aller späteren Sprachen.
2. Die Atlanter sprachen eine agglutinierende Sprache (Kombination verbaler Wurzeln oder Worte ohne Veränderung oder Beugung).
3. Die agglutinierende Sprache wurde komplexer, grammatischer und Flexionen entwickelten sich.
4. Agglutination geht über in Flexion (Beugung), was zur Sprache der frühen fünften Rasse führt.

Doch woher stammt Devanâgarî? *DAS BUCH DES LICHTS* lehrt: Aus dem SENZAR. Das war die geheime Sprache der Adepten. SENZAR ist also der URSPRUNG von Devanâgarî und VEDISCHEM SANSKRIT. OM. Und woher kam SENZAR? *DAS BUCH DES LICHTS* lehrt: Von den göttlichen Wesenheiten (Devas)[5], die in Zentralasien den Söhnen des Lichts das nun wiedererweckte *BUCH DES LICHTS* diktiert haben.

5 Der zweiten und ersten Rassen.

Devanâgarî wird oft von Sanskritologen als Silbenschrift bezeichnet. Das stimmt nicht. Devanâgarî ist eine Buchstabenschrift, deren grafische Anordnung der Zeichen der Reihenfolge der Sprechsilben entspricht. Und weil dies nicht immer in der Lautreihenfolge geschieht, nennt man es auch ein alpha syllabisches System.
Kabbalisten behaupten: In der Antike gab es EIN Wissen und EINE Sprache. Das ist wahr, ABER: Dieses eine Wissen war GEHEIM und VERBORGEN seit dem Untergang von Atlantis. Deshalb ist Sanskrit die geheime Sprache der Ârya-Rasse.

SENZAR: Geheime Sprache der späteren Atlanter, bis heute von den Chohans genutzt. OM. Nur eingeweihte Brahmins haben Sanskrit gekannt und gesprochen wie im *BUCH DES LICHTS* gelehrt. Es bezieht sich auf VACH, eine geheime Sprache, verwendet in der Mantra OM MANI PADME HUM. Sie, die MANTRA, berührt alle Hierarchien des Kosmos. Nur indem du einfach "OM" richtig aussprichst und wiederholst, lässt du GLÜCKSELIGKEIT in dir aufsteigen. Sanskrit verbindet dich mit GÖTTLICHEN WESENHEITEN. Studiere sie, singe die Mantra, und alles wird gut.

*DAS BUCH DES LICHTS* lehrt:
Devanâgarî ist MUSIKALISCH und enthüllt die okkulte Kraft des Klangs. Siehe "*Das Geheimnis der Sieben Siegel*".

*DAS BUCH DES LICHTS* lehrt:
Alle Sprachen und Schriften von heute waren einst von der Form her symbolisch. Ein BILD war einst damit gemeint. Wie alle Dinge ist auch Sanskrit degeneriert. In diesem Buch wird es aufs neue erstrahlen.

## LEKTION I

Das Sanskrit-Alphabet besteht aus 50 okkulten Buchstaben. Warum 50? Jeder Buchstabe berührt auch 49 Chakras des Körpers und aktiviert diese, aber "ksha" öffnet die Tür zu NIRVĀṆA. Lies "*Das Geheimnis der sieben Siegel*"[6].

Bevor du lernst, wie man die Buchstaben schreibt, solltest du lernen, wie man sie spricht. Auch das kannst du ganz wunderbar üben mit diesem Buch und der entsprechenden CD.

Das okkulte Sanskrit Alphabet

अ = a, आ = ā, इ = i, ई = ī, उ = u, ऊ = ū,

ऋ = ṛi, ॠ = ṛī, ऌ = lṛi, ॡ = lṛī, ए = e,

ऐ = ai, ओ = o, औ = au, ं = ṃ, ः = ḥ,

क = ka, ख = kha, ग = ga, घ = gha, ङ = ṅa,

च = cha, छ = chha, ज = ja, झ = jha, ञ =ña,

ट = ṭa, ठ = ṭha, ड = ḍa, ढ = ḍha, ण = ṇa,

त = ta, थ = tha, द = da, ध = dha, न = na,

प = pa, फ = pha, ब = ba, भ = bha, म = ma,

य = ya, र = ra, ल = la, व = wa, श = śa,

ष = sha, स = sa, ह = ha, [क्ष = ksha]

---

6 "Das Geheimnis der sieben Siegel". Buch: ISBN 978393769947-9; CD mit Aussprache-schulung: ISBN 9783937699-37-0.

- a - wie das "e" in "aber" oder das "a" im englischen "organ" (zwischen "a" und "ü"), doch mehr zum "a"
- ā/ â - wie das "ā" in "da", doch doppelt so lang gesprochen
- i - wie das "i" in "Kind"
- î - wie das "i" in "sie", doch doppelt so lang gesprochen
- u - wie das "u" in "Punkt"
- û - wie das "u" in "du", doch doppelt so lang gesprochen
- ṛi - wie das "rü" in "rüsten", oder wie das französische ru)[7]
- ṛî - das "i" wie in "wir", doch doppelt so lang
- lṛi - dasselbe wie "ri", nur mit "l" davor
- lṛî - wie in "Vieh"
- e - wie das "e" in "wer"
- ai - wie das "ai" in "Hai"
- o - wie das "o" in "so"
- au - wie das "au" in "Pfau"
- ṃ oder ṇ wird anusvâra genannt und ist ein klingender Nasallaut, gesprochen mit offenem Mund, wie das "n" im französischen Wort "Bon".
- ḥ oder visarga wird in der Artikulationsposition des vorhergehenden Vokals ausgesprochen. Zum Beispiel wird aḥ wie aha ausgesprochen und iḥ wie ihi.

## AUSSPRACHE DER KONSONANTEN

(Alle unterpunktierten nur leicht andeuten bzw. betonen)

Bitte zu diesem Zweck unbedingt das BDL-Video "Die korrekte Aussprache des Sanskrit" sehen. Denn: Nicht einmal die meisten INDER beherrschen heute noch SANSKRIT. Ehre sei dem *BUCH DES LICHTS*.

- k - wie in "kalt"
- kh - wie in "Eckhart"
- g - wie in "gut"
- gh - wie in "weghauen"
- ṅ - wie in "sing"
- ñ - wie in "Anja"
- ṇ - wie ṝna (als ob du das "r" sprechen möchtest, dann sage "na"; wenn ohne Unterpunkt, dann wie "na" sprechen)
- ch - wie in "Charly"
- chh - wie in "Matschhaus"
- j - wie in "Dschungel"
- jh - wie in "hedgehog"
- ṭ - wie in "tun"
- ṭh - wie in "Weltherz"
- ḍ - wie in "dann"
- ḍha - wie in "Waldhain"

7 Tatsächlich irgendwo zwischen den beiden.

Nun, da du weißt, wie man SANSKTIT VOKALE und KONSONANTEN ausspricht, kannst du lernen, sie zu schreiben. Die Schrift des SANSKRIT wird DEVANÂGARÎ genannt. Zum völligen Verständnis des Folgenden siehe BDL-Video + CD "Das Sanskrit Alphabet".

## SANSKRIT VOKALE

अ a आ ā इ i ई î उ u ऊ ऋ ṛi

ॠ ṛî ऌ lṛi ॡ lṛî ए e ऐ ai

ओ o औ au. or ऋ ṛi ॠ ṛî

a ṃ अं ṃ or ṇ [anusvāra] a ḥ a:

अः ḥ [visarga]

## KONSONANTEN

GUTTURALE: क ka ख kha ग ga घ gha ङ ṅa

PALATALE: च cha छ chha ज ja झ jha ञ ña

ZEREBRALE: ट ṭa ठ ṭha ड ḍa ढ ḍha ण ṇa

DENTALE: त ta थ tha द da ध dha न na

LABIALE: प pa फ pha ब ba भ bha म ma

HALBVOKALE: य ya र ra ल la व va oder wa

ZISCHLAUTE: श śa ष sha स sa क्ष ksha

HAUCHLAUT: ह

## BUCHSTABENMODELLE

Sanskrit wird von links nach rechts geschrieben. Schreibe genau in der Reihenfolge der Zahlen, die im Modellbuchstaben erscheinen. Verwende exakt die Anzahl der Striche sowie die Strichführung.

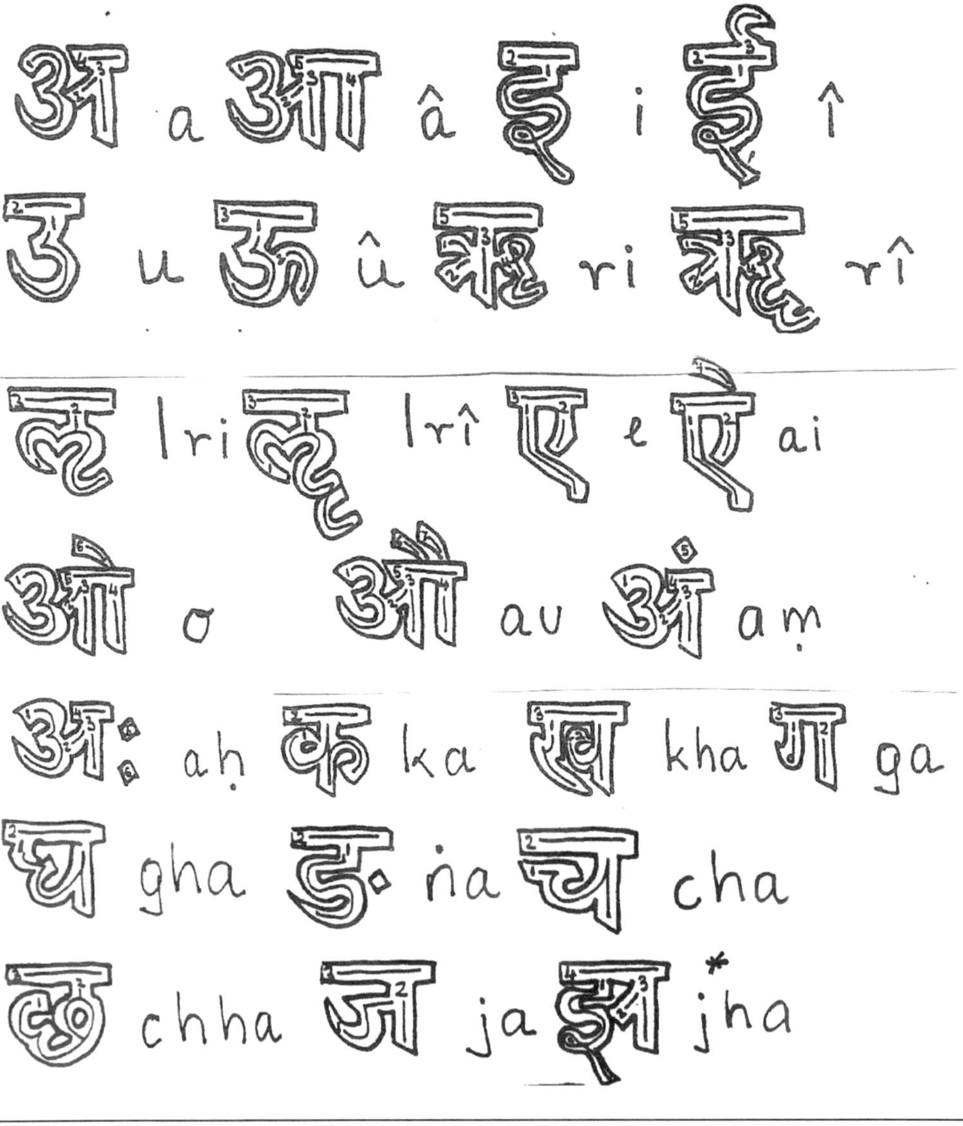


---

* Eine andere Variante für jha.

ञ ña ट ṭa ठ ṭha

ड ḍa ढ ḍha ण ṇa त ta

थ tha द da ध dha न na

प pa फ pha ब ba भ bha

म ma य ya र ra ल la

व va or wa श śa ष sha

स sa ह ha क्ष ksha

## REGELN ZUM SCHREIBEN VON DEVANÂGARÎ

Regel 1
Wenn ein Vokal der Anfangsbuchstabe eines Wortes ist und in einer Silbe steht, nur DANN werden die Formen des Vokalzeichens, die im Alphabet gegeben sind, benutzt. Zum Beispiel: "ā" wird आ geschrieben, doch "eka" wird एक geschrieben.

Regel 2
Der Konsonant wird mit einem kleinen Schrägstrich darunter geschrieben, wenn der Konsonant ohne ein "a" steht oder ohne Kurzform eines anderen Vokals. Der Schrägstrich wird VIRÂMA oder HALANTA genannt. Zum Beispiel: KA ist क, aber K ist क् (das virâma oder halanta ist UNTER dem Buchstaben).

Regel 3
Wenn OHNE ein "halanta" oder unteren Schrägstrich, dann steht das "a" MIT diesem Konsonanten, es sei denn, es wird gefolgt von der Kurzform eines anderen Vokals. Beispiel: क ist KA, und के ist KE.

Regel 4
Ein Vokal wird in KURZFORM geschrieben, wenn er allein steht oder nicht am Anfang. Es folgen einige Kurzformen von Vokalen:

| | | | | | |
|---|---|---|---|---|---|
| ā | ा | kā | का | dhā | धा |
| i | ि | chi | चि | ji | जि* |
| î | ी | nî | नी | bhî | भी |
| u | ु | ku | कु | ru | रु |

---

* Wie man sehen kann, wird das kurze "i"oder ि VOR dem Konsonanten geschrieben, welcher ihm folgt.

| | | | | | |
|---|---|---|---|---|---|
| û | ू | śû | शू | rû | रू |
| ṛi | ृ | mṛi | मृ | tṛi | तृ |
| e | े | ne | ने | te | ते |
| ai | ै | hai | है | pai | पै |
| o | ो | bo | बो | cho | चो |
| au | ौ | tau | तौ | nau | नौ |

Regel 5

Zwei oder mehr Konsonanten, die ohne dazwischen liegenden Vokal aufeinander treffen, müssen zu einem einzelnen zusammengesetzten Zeichen kombiniert werden. Zum Beispiel:

a) र oder "r" kombiniert mit anderen Konsonanten. Geht es einem Konsonanten voraus, wird es mit einem kleinen Haken ʿ, der nach rechts geöffnet ist, geschrieben und über dem letzten vertikalen Strich der zusammengesetzten Silbe. Beispiel: "rka" wird र्क geschrieben oder "rmya" wird र्म्य geschrieben. Das "r"-Zeichen muss rechts vom Vokalzeichen (seiner Kurzform) platziert werden, wenn es dem Konsonanten vorausgeht. Beispiel: "rgo" wird र्गो geschrieben und "rtām" र्तां. Doch wenn das र r sofort auf einen Konsonanten folgt, wird es mit einem kleinen Strich darunter geschrieben. Es folgen einige Beispiele: "pra" ist प्र, "sra" ist स्र. Doch beachte die besondere Form für त्र "tra" und श्र ist "śra".

b) Indem man jeden Konsonanten in seiner üblichen Form schreibt, jedoch den vertikalen Strich eines jeden Buchstabens weglässt (außer dem letzten), werden manchmal zwei oder mehr Konsonantenzeichen zu EINEM kombiniert. Zum Beispiel: "stya" ist स्त्य, "schya" ist श्च्य, "tmya" ist त्म्य, "ndhya" ist न्ध्य und "nta" wird न्त geschrieben.

c) Wenn zwei oder mehr Konsonanten den vertikalen Strich NICHT enthalten und sich leichter kombinieren lassen, indem man einen über dem anderen platziert, dann ist das letzte Zeichen UNTERHALB der vorhergehenden: "ṭva" wird ट्व geschrieben, "dda" ist द्द, "dva" ist द्व, "ddha" ist द्ध.

d) Zwei oder mehr Konsonantenzeichen werden manchmal zu einer zusammengesetzten Form mit einem geänderten Komponentenelement vereint (oder verkürzt), so dass man die zwei ursprünglichen Konsonanten kaum erkennen kann. So wird "ksha" क्ष geschrieben, "kta" ist क्त, "tta" ist त्त, "dya" ist द्य, "śca" ist श्च, "jña" ist ज्ञ und "hya" ist ह्य.

Deshalb ist es für den Schüler besser, ZUERST die Konsonantenzeichen des Alphabets zu lernen und DANN die folgenden konjunktiven Charaktere. So ist es einfacher, die kombinierte Form zu erkennen.
Es folgt eine Liste einiger Konjunktionszeichen wie in Regel 5 beschrieben:

kka क्क, kta क्त, kya क्य, kla क्ल, kva क्व, ksha क्ष, kshma क्ष्म, ख्य khya, gna ग्न, ghya घ्य, ṅka ङ्क, ṅga ङ्ग, chcha* च्च, chchha** च्छ, jma ज्म, jña ज्ञ, ñcha ञ्च, ñjña ञ्ज्ञ, ṇḍa ण्ड, ṇya ण्य, tta त्त, ttha त्थ, ttva त्त्व, tna त्न, त्प tpa, tma त्म, tra त्र, tya त्य, thya थ्य, dga द्ग, dgha द्घ, dda द्द, ddha द्ध, dna द्न, dba द्ब, dbha द्भ, dma द्म, dya द्य, dra द्र, dva or dwa द्व, dhya ध्य, nta न्त, nda न्द, ndha

* Oder cca ** Oder ccha

न्प, ndhya न्ध्य, nma न्म, nya न्य, nva न्व, pta प्त, pna प्न, bda ब्द, bhya भ्य, mpa म्प, mba म्ब, mbha म्भ, mya म्य, lka ल्क, lpa ल्प, vya
ścha श्च, śchra श्च्र, śra श्र, śla श्ल, śva श्व, shṭa ष्ट, shṇa ष्ण, स्क ska, sta स्त, स्त्य, stra स्त्र, stha स्थ, spa स्प, hna ह्न, hma ह्म, hya ह्य, hla ह्ल, hva ह्व.

<u>Weitere Hinweise</u>:

1. Die TRANSLITERATION, also die buchstabengetreue Übertragung der Begriffe für das VISARGA-ZEICHEN [ : ] ist das mit Punkt versehene "h" oder "ḥ". Zum Beispiel: "devaḥ" देवः. Der LETZTE Buchstabe des Alphabets ist ह oder "ha" (ohne Punkt). Du findest ihn entweder am ANFANG oder in der MITTE der Wörter wie हंस - "haṃsa" oder in बृहस्पति. Wenn das "h" nach Konsonanten verwendet wird, ist es kein wirklich wahrnehmbarer Laut, sondern mehr ein schweres Atmen, indem es <u>mit</u> dem vorhergehenden Buchstaben einen besonderen Laut bildet. Beispiele: "tha", "dha", "bha" - थ, ध, भ. "Tha" oder "Bha" sollte niemals "ta" und DANN "ha" oder "ha" und DANN "ba" geschrieben werden[7]. Das FALSCHE Sanskritwort für "bha" wäre dann बह, das RICHTIGE Sanskritwort wäre भ. Und das RICHTIGE Sanskritwort für "tha" ist ठ.

2. Mehr über "ri" und "ṛ": "ri" ist रि, aber "ṛi" ist ऋ. Das "r" selbst ist manchmal ein KONSONANT oder der Halbvokal "ra" र und manchmal ein vollständiger Vokal "ṛi" ऋ. "r" ist zum Beispiel ein Konsonant in "arhat" अर्हत्

---

7 Das wäre für ta त und für ha ह, für ba- ब und für ha ह.

(ein spiritueller Eingeweihter), in "nara" नर (Mann) oder "putra" पुत्र (Sohn). Das "r" in diesen Wörtern wird IMMER ohne Punkt geschrieben (volle oder abgekürzte Form). Sehen wir uns nun einige Wörter an, wo der Vokal "ṛi" (mit Punkt) verwendet wird, wie zum Beispiel in "ṛishi" ऋषि (ein erleuchteter Poet oder ein Weiser) oder "pitṛi" पितृ. "i" und "î" findet man immer kombiniert mit dem Vokal - "ṛi" in TRANSLITERATION (Regel 4).

3. Es gibt sechs Nasallaute:
   - ñ (mit "ch" und "j"),
   - ṇ - unterpunktiert (mit "ṭ" und "ḍ" und oft allein),
   - n (mit "t" und "d" und oft allein),
   - m (mit "p" und "b" und oft allein),
   - ṃ - unterpunktiert (manchmal "ṇ" geschrieben vor "ś", "s" und "h"), wenn am Ende der Silbe allein verwendet.

Studiere DEVANÂGARÎ eines jeden Nasallautes sorgfältig.

4. Wenn du "t" und "d" schreibst, achte immer darauf, ob sich PUNKTE unterhalb der Buchstaben befinden, denn das GEPUNKTETE "t" und "d" ("ṭ", "ḍ") sind andere Laute als das NICHT unterpunktierte "t" und "d".

5. Es gibt DREI Zischlaute, und jeder von ihnen hat sein eigenes, deutliches Lautbild: "ś" (palatinal oder Gaumenlaut), "sh" (zerebral) und "s" (dental). Man muss die RICHTIGE transliterierte Rechtschreibung kennen, um richtiges DEVANÂGARÎ zu schreiben. Jeder Punkt und jedes Zeichen über oder UNTER einem Buchstaben deutet auf einen unterschiedlichen Laut hin.

<u>Unterschiedliche Systeme</u>

Unser bzw. dieses *BUCH DES LICHTS* System der Transliteration des DEVANÂGARÎ Alphabets UNTERSCHEIDET sich vom INTERNATIONALEN System, welches in den meisten Büchern benutzt wird. Zum Beispiel: "Kṛishṇa" ist im internationalen System "Kṛṣṇa", was für einen deutschen Schüler des Sanskrit schwierig auszusprechen sein könnte, und deshalb benutzen wir in unserem System "ṛi" für ृ und "sh" für ष. Und so verhält es sich auch mit ृ und च und "ch" und छ. BDL benutzt "ch" für च und "chh" für छ. Warum?

Wenn du zum Beispiel den Sanskritbegriff âcârya siehst, könntest du versucht sein, âkârya zu sagen anstatt aatschaaria. Doch wenn du erst einmal vertraut bist mit dem Sanskrit Alphabet und den Lauten, wird es dir leicht fallen, dich auf die unterschiedlichen Systeme der Transliteration einzustellen. ÜBUNG und WIEDERHOLUNG ist alles, was du brauchst, um SANSKRIT zu erlernen. Nun, da du (hoffentlich) in der Lage bist, das DEVANÂGARÎ Alphabet zu lesen und zu schreiben, wollen wir SÄTZE bilden.

## DER UNTERSCHIED

Sanskrit ist die am meisten missbrauchte Sprache in der Welt. Jede Menge indische und nicht indische Möchte-Gern-Gurus präsentieren sich als Sanskrit Gelehrte. Die Zeit ist nun gekommen für *DAS BUCH DES LICHTS*, das WAHRE Sanskrit wieder zum Leben zu erwecken. Fast alle Buchstaben des Sanskrit Alphabets werden falsch ausgesprochen und geschrieben. Der meiste Missbrauch wird mit AM betrieben.
Ich danke vor allem Elke Straube, welche mit Hilfe ihrer Übersetzungen sehr dazu beiträgt, die Ehre und Reinheit des SANSKRIT wieder herzustellen.

Und nun zu **AM** und seinen verschiedenen Versionen und Intonationen.

**Āṃ (आं)**. - Undeklinierbares आ (ā) ausgesprochen **nasalisiert**, z. B. आँ अपः (abhra āṃ apaḥ). Die meisten Sanskrit Schüler und Gelehrten sprechen das unterpunktierte "āṃ" wie AM aus, und das ist einfach falsch. Das "ṃ" von "āṃ" muss zu 70% nasal angedeutet werden. Man will also "**m**" sagen und sagt "**hm**".

1) **Ām** (आम्). आ ("ā") vorgeschrieben in Verbindung mit den Wörtern चतुर् (catur) und अनडुह् (anaḍuh) vor den (sarvanāmasthāna) genannten Fallzusätzen; vgl. चतुरनडुहोराम् उदात्तः (caturanaḍuhorām udāttaḥ). Hier handelt es sich um etwas anderes, hier darf man nach langem "A" AM sagen, mit ausgesprochenem kurzem "M", also labial.

2) **Ām**. - Das Affix आम् ("ām") vor लिट् (liṭ) hinzugefügt oder eine perfekte Beendigung durch Regeln कास्प्रत्ययादाम् अमन्त्रे लिटि (kāspratyayādām amantre liṭi) wie zum Beispiel in कासांचक्रे, ऊहांचक्रे, दयांचक्रे, जागरांचकार, विभयांचकार (kāsāṃcakre, ūhāṃcakre, dayāṃcakre, jāgarāṃcakāra, vibhayāṃcakāra) usw.

3) **m**.- Geni. pl. caseaffix आम् ("ām") wie in दृषदाम्, शरदाम् (dṛṣadām, śaradām), mit न् ("n") vorangestellt in रामाणाम् (rāmāṇām) usw. und mit स् ("s") vorangestellt in सर्व्वेषाम् (sarrveṣām) usw.

4) **m**.- loc. singen. Groß-/Kleinschreibung आम् ("ām") ersetzt इ ("i") (ङि (ṅi)); vgl. ङेराम् नद्याम्नीभ्यः (ṅerām nadyāmnībhyaḥ)

Vyakarana (व्याकरण, vyākaraṇa) bezieht sich auf die Sanskrit-Grammatik und repräsentiert eine der sechs zusätzlichen Wissenschaften (Vedanga), die zusammen mit den Veden studiert werden, jetzt vervollständigt durch *DAS BUCH DES LICHTS*. *DAS BUCH DES LICHTS* korrigert die irreführenden Regeln der Sanskrit-Grammatik und linguistischen Analyse und ermittelt so den korrekten Kontext von Wörtern und Sätzen.

**aṃ** (अं). – Das "M" wieder nasal. Eine Interjektion, die Verachtung, Gleichgültigkeit ausdrückt; auch Unglaube oder Ungläubigkeit; z. B. "ähm"!

**āṃ** (आं) - mit langem "aa". Wird verwendet, wenn eine Beobachtung & c. gemacht wird, nur undeutlich gehört; "äh"?

**ām** (आम्) Eine Interjektion von (a) Zustimmung, Annahme, 'oh', 'ja'; hier das "M" kurz (und nicht nasal) aussprechen.

**Ām** (आम्). — [auch Ausruf] der Erinnerung oder Zustimmung - reparieren, fest machen.

4) **m** voll und kurz ausgesprochen (wie bei "aam") (आम्): – ein Einwurf der Zustimmung oder der Erinnerung, [Maitrāyaṇī-saṃhitā; Mṛcchakaṭikā; akuntalā; Vikramor-vaśī] usw.

5) (ein Vokativ, der diesem Partikel folgt, ist anudātta.

1) **Am** (अम्): – amati Gehen; dienen; klingen. Krank sein; befallen.

2) **Āṃ** (आं): Ja, das "M" hier kurz und NASAL sprechen nach langem "a".

**Bedenke:**

Sanskrit, auch buchstabiert संस्कृतम् (saṃskṛtam), ist DIE MUTTER aller Sprachen, später zu Prakrit und Pali führend, sowohl in Grammatik als auch in Begriffen umfassender und übertrifft Griechisch und Latein bei Weitem.

Und weiter mit nasal ausgesprochenem "M":
**Aṃ** – [Substantiv]: ein Konjunktionssuffix, das an das Ende jedes Wortes angehängt wird, das in einem Satz verbunden werden soll.

**Āṃ** – [Pronomen]: der Nominativ Singular des ersten Personalpronomens; das Wort, das sich selbst erwähnt; derjenige, der spricht oder schreibt; "ICH ".
Oh jeh, dabei lehrt doch BDL, wer ICH sagt, meint immer noch sein NICHT Ich oder ANATTA.
Du hast nichts verstanden von dem, was du eben gelesen hast? Macht nichts, lies einfach weiter!

## <u>LEKTION 2</u>

Deva oder देव ist (auch) GOTT. Es ist ein maskulines Substantiv, welches auf (ein Deva) endet in der unveränderten Form. Die nominative Bestimmung von DEVA endet auf "aḥ", was DANN Devaḥ oder दवः ist. VAD oder वद् ist die VERB WURZEL "zu sprechen". Die 3. Pers. Singular von vad oder वद् ist vadati oder वदति.

<u>Frage</u>: Was ist dann "GOTT SPRICHT"? Es ist die NOMINATIVE BESTIMMUNG von DEVA, welche da wäre: Devaḥ oder दवः und die dritte Person Singular von vad, welche da wäre: vadati oder वदति. "GOTT SPRICHT" wäre dann "devaḥ vadati" oder दवः वदति?
Nein, denn es gibt eine Regel - SAMDHI genannt - die besagt: "Wenn zwei Wörter aufeinandertreffen (wie zum Beispiel **devaḥ** und **vadati**) und das erste Wort endet auf "aḥ" (wie in devaḥ) und das zweite Wort beginnt mit einem weichen Konsonanten (wie in vadati), verändert sich das "aḥ" des ERSTEN Wortes zu "o". Dann ist es nicht länger devaḥ vadati), sondern dev**o** vadati oder देवो वदति - GOTT SPRICHT.

Andere WEICHE Konsonanten sind ga, gha, ṅa, ja, jha, ña, ḍa, ḍha, ṇa, da, dha, na, ba, bha, ma, ya, ra, la, va und ha.

Nächste Übung:

Was ist: "Die Mutter lacht"? "Mutter" ist in Sanskrit ein weibliches Substantiv, das auf "i" endet und bedeutet mâtṛi oder मातृ. Die nominative Bestimmung von Mutter oder mâtṛi hat ein "â" als Endung und ist deshalb mâtâ oder माता. "Lachen" ist in Sanskrit "has" oder हस्. Die 3. Person Singular von "lachen" oder "has" ist hasati oder हसति. Mutter lacht oder "die Mutter lacht" bedeutet dann ... aber warte! Gibt es eine SAMDHI Regel, die die Endung eines Wortes ändern würde? Nein, denn obwohl "hasati" mit einem weichen Konsonanten beginnt, endet das Substantiv MÂTÂ nicht auf "aḥ". Deshalb ist "Mutter lacht": mâtâ hasati oder माता हसति.

Ein weiterer Satz:

DER GURU VERLÄSST.

"Guru" ist auch ein spiritueller Lehrer und wird in Sanskrit गुरु geschrieben. Die nominative Bestimmung dieses Wortes wäre Guruḥ oder गुरुः. Etwas verlassen ist "tyaj" oder त्यज्. 3. Person Singular von "tyaj" ist: "tyajati" oder त्यजति. Also wäre "Der Guru verlässt": Guruḥ tyajati oder गुरुः त्यजति? Nein. Wegen einer anderen Samdhi Regel, die sagt: Wenn zwei Wörter aufeinandertreffen, und das erste endet mit einem VISARGA oder "ḥ" (wie in Guruḥ) und das ZWEITE Wort beginnt mit ch, chh, ṭ, ṭh, t, th (wie in tyajati), wird das visarga zu einem ZISCHLAUT verändert, welcher von derselben Klasse sein muss wie der Konsonant. Ein visarga oder "ḥ" vor "chh" wird zu "ś", vor "ṭ" oder "ṭh" wird daraus "sh" und vor "t" oder "th" wird aus dem visarga "s".

Die LETZTE Regel passt zu unserem Beispiel "guruḥ tyajati". Das "ḥ" von Guruḥ verändert sich zu "s" und deshalb ist es nicht Guruḥ tyajati, sondern Gurustyajati oder गुरुस्त्यजति oder "Der Guru verlässt".

Nun, da du weißt, wie man die letzten drei Regeln für Endungen anwenden muss, wollen wir Sätze bilden und diese Regeln beachten. Die Antworten findest du auf Seite 24.

a) Das PFERD ist in Sanskrit aśva, अश्व. Nominative Bestimmung: aśvah, अश्वः. "Fallen" ist pat पत्. 3. Person Singular ist पतति oder patati.

Was ist dann auf Sanskrit: "Das Pferd fällt"?

b) Mann bzw. Mensch in Sanskrit ist nara oder नर. Nominative Bestimmung: naraḥ oder नरः. "Wissen" ist budh oder बुध्. 3. Person Singular ist bodhati oder बोधति.

Was ist dann auf Sanskrit und DEVANÂGARÎ: "Der Mann weiß"?

c) LEBENSMITTEL ist anna oder अन्न. Nominative Bestimmung: annam oder अन्नं. "Verfaulen" ist kshi oder क्षि. 3. Person Singular क्षयति oder kshayati. Übersetze: "Die Lebensmittel verfaulen".

d) Die SCHLANGE ist sarpa oder सर्प. Nominative Bestimmung: sarpaḥ. "Kriechen" ist sṛip. 3. Person Singular ist सर्पति.

Übersetze: "Die Schlange kriecht".

e) Die MAUS ist mûshika oder मूषिक. Nominative Bestimmung: mûshikaḥ oder मूषिकः. "Graben" ist khan oder खन्. 3. Person Singular ist khanati oder खनति. Übersetze: "Die Maus gräbt".

f) Der Hirsch ist mṛiga oder मृग. Nominative Bestimmung: mṛigaḥ oder मृगः.

WOHNEN ist vas oder वस्. 3. Person Singular ist vasati oder वसति.

Übersetze: "Der Hirsch wohnt".

g) Der REISENDE ist pântha oder पान्थ. Nominative Bestimmung: pânthaḥ oder पान्थः. REISEN ist jalp oder जल्प्. 3. Person Singular ist jalpati oder जल्पति. Übersetze: "Der Reisende reist."

h) (Jetzt wird es schwieriger!)
JUNGE ist bâla oder बाल. Nominative Bestimmung: bâlaḥ oder बालः.
FIT SEIN ist arh oder अर्ह्. 3. Person Singular ist arhati oder अर्हति.

Eine Sandhi -Regel sagt: Wenn zwei Wörter aufeinandertreffen und das erste auf "aḥ" endet und das zweite mit "a" beginnt, wird "aḥ" zu "o" und das FOLGENDE KURZE "a" wird durch einen Apostroph oder AVAGRAHA ERSETZT, welcher in Devanâgarî so geschrieben wird: ऽ.

Beispiel: putraḥ arhati oder पुत्रः अर्हति wird zu putro' rhati oder पुत्रोऽर्हति.

Übersetze: "Der Junge ist fit".

i) Das BLATT ist patra oder पत्र. Nominative Bestimmung: patram oder पत्रं. "Bewegen" ist chal oder चल्. 3. Person Singular ist chalati oder चलति.

Übersetze: "Das Blatt bewegt sich".

j) Der SCHAKAL ist śṛigâla oder शृगाल. "Nehmen" ist hṛi. 3. Person Singular ist harati oder हरति.

Übersetze: "Der Schakal nimmt es".

k) Der SOHN ist putra oder पुत्र. Nominative Bestimmung: putraḥ oder पुत्रः. "Gehen" ist char oder चर्. 3. Person Singular ist charati oder चरति.

Übersetze: "Der Sohn geht".

# LEKTION 3

Mit Hilfe der folgenden Klassifikation wirst du in der Lage sein, den Fall der Substantive, die du bisher in den Beispielen benutzt hast, zu erkennen. Alles, was du tun musst, ist, die nominative Bestimmung in den Sätzen mit den Endungen der nominativen Bestimmung in unserer Klassifikation zu vergleichen. Das wird dich zum männlichen (maskulinen), weiblichen (femininen) oder sächlichen Substantiv im Singular führen.

| Endung der unveränderten Form | Nominative Bestimmung |
|---|---|
| Männliches Substantiv | - a wird zu aḥ |
| Sächliches Substantiv | - a wird zu am |
| Weibliches Substantiv | - i bleibt unverändert |
| Männliches oder weibliches Substantiv | - i wird zu iḥ |
| Weibliches Substantiv | - î wird zu îḥ |
| Männliches oder weibliches Substantiv | - u wird zu uḥ |
| Männliches oder weibliches Substantiv | - ṛi wird zu ā |

Nun sieh dir Satz a) an: Das Pferd fällt oder asvaḥ patati oder अश्वः पतति. Wenn du dir die Endung von "Pferd" oder seiner nominativen Bestimmung ansiehst - und indem du es mit der obigen Klassifikation vergleichst - kannst du herausfinden, ob "Pferd" männlich, sächlich oder weiblich ist. Die Endung oder nominative Bestimmung ist "aḥ", deshalb ist "Pferd" MÄNNLICH. aśva ist männlich.

Bestimme die Fälle von:

अश्व, नर, अन्न, सर्प

मूषिक, मृग, पान्थ

बाल, पत्र, शृगाल, पुत्र

## LEKTION 4
## Zahlen

Die Zahlen von 1 - 20 lesen und schreiben

| | |
|---|---|
| 1 १ eka | 6 ६ shash |
| 2 २ dvi | 7 ७ sapta |
| 3 ३ tri | 8 ८ ashṭa |
| 4 ४ chatur | 9 ९ nava |
| 5 ५ pañcha | 10 १० daśa |
| 11 ११ ekâdaśa | 16 १६ shoḍaśa |
| 12 १२ dvâdaśa | 17 १७ saptadaśa |
| 13 १३ trayodaśa | 18 १८ ashṭâdaśa |
| 14 १४ chaturdaśa | 19 १९ navadaśa or ekonaviṃśati. |
| 15 १५ pañchadaśa | 20 २० viṃśati |

## LEKTION 5
## Satzbau

Reihenfolge der Wörter: Das wichtigste Wort eines Satzes wird an dessen Ende platziert, weshalb wir üblicherweise das VERB dort finden. Der zweitwichtigste Platz ist das ERSTE WORT, doch grammatisch gesehen gibt es in Sanskrit keine Reihenfolge (trotz einer Folgerichtigkeit in der Logik).

Beispiel: "Wasser" ist jala oder जल. In diesem Satz wird es zu jalaṃ oder जलं. Es "sickert" ist द्रवति oder dravati. Nun bilde den Satz: "Das Wasser sickert."

"Das Wasser sickert" ist jalaṃ dravati oder जलं द्रवति.

a) "Vater" ist पिता, "er versteht sich" ist चरति.

Schreibe in Transliteration und Devanâgarî "Der Vater versteht sich"!

b) "Mond" ist chandra, "er bewegt sich" ist chandraḥ. Bilde "Der Mond bewegt sich", doch denke daran, dass es eine Samdhi Regel gibt, welche besagt: Wenn zwei Wörter aufeinandertreffen und das ERSTE Wort endet auf "ḥ" und das ZWEITE beginnt zum Beispiel mit "ch", wird das "ḥ" oder visarga zum Zischlaut "ś" verändert.

Das bedeutet, wenn "ḥ" auf "cha" trifft, werden sie zu "ścha" oder श्च[8].

Was ist dann "Der Mond bewegt sich" in Transliteration und Devanâgarî?

c) "Mutter" ist mātā oder माता (wenn nominative Bestimmung). śochati oder शोचति ist "sie sorgt sich". Bilde: "Die Mutter sorgt sich".

d) "Baum" ist vrikschaḥ oder वृक्षः (als nominative Bestimmung) und "Er trägt Früchte" ist phalati oder फलति. Was ist dann: "Der Baum trägt Früchte"?

e) "Guru" ist Guruḥ oder गुरुः (wenn nominative Bestimmung). "Er gibt auf" ist tya-jati oder त्यजति. Was ist dann "Der Guru gibt auf"? ABER: Es gibt eine weitere Samdhi Regel: Wenn (zum Beispiel) "ḥ" und "t" aufeinander treffen, werden sie zu "st". Bringe nun Guruḥ und tyajati zusammen.

---

8 Warum nicht "scha" anstatt von "ścha"? Weil der Zischlaut "śa" (wenn gesprochen) dem palatalen "cha" näher ist.

f) VISHṆU, das erhaltende Prinzip, wird auch "hari" oder हरि genannt. Bei nominativer Bestimmung wird hari zu hariḥ oder हरिः. "Er überquert" ist तरति. Die Samdhi Regel besagt: Wenn "ta" dem "ḥ" folgt, werden sie zu "sta" oder स्त.
Nun schreibe "Vishṇu überquert" in Transliteration und Devanâgarî!

g) "Sohn" ist putraḥ oder पुत्रः, wenn nominative Bestimmung. "Kochen" ist पचति (3. Person Singular) oder pachati. Schreibe: "Der Sohn kocht".

## ANTWORTEN

Ich habe dir von Seite 19 - 24 Fragen gestellt. Hier sind die Antworten:

a) aśvaḥ patati oder अश्वः पतति

Das visarga "ḥ" am Ende von "Pferd" oder aśvaḥ bleibt, denn "pa" von patati ist kein weicher Konsonant.

b) naro bodhati oder नरो बोधति

Und NICHT naraḥ bodhati. Doch warum verändert sich "ạh" (von naraḥ) zu "o", wenn im ZWEITEN Wort (oder im Verb) kein weicher Konsonant mit "a" folgt wie ba, ga, ña, ha usw.?
Das zweite Verb BEGINNT mit einem weichen Konsonanten, nämlich "ba" oder ब, obwohl wir "bo" oder बो lesen.

c) अन्नं क्षयति annaṁ kshayati

Keine Veränderung der Endung des Substantivs annaṁ, SOGAR wenn das Verb mit einem weichen Konsonanten beginnen würde, denn "annaṁ" endet nicht mit einem visarga oder "ḥ".

d) sarpaḥ sarpati oder सर्पः सर्पति

Keine Veränderung der Endung von sarpaḥ zu "o", weil das Verb sarpati nicht mit einem weichen Konsonanten beginnt.

e) mûshikaḥ khanati oder मूषिकः खनति

Im Wesentlichen dieselbe Erklärung wie unter d.

f) mṛigo vasati oder मृगो वसति

Das "aḥ" der nominativen Bestimmung von mṛigaḥ wird zu "o", weil das folgende Verb vasati mit einem weichen Konsonanten beginnt, nämlich mit "va".

g) pântho jalpati oder पान्थो जल्पति

pânthaḥ verändert sich zu pântho wegen des weichen Konsonanten "ja" in jalpati.

h) bâlo' rhati oder बालोऽर्हति

bâlaḥ arhati verändert sich zu bâlo' rhati.

i) patraṁ chalati oder पत्रं चलति

Keine Veränderung bei der Endung des Verbs, denn das Verb beginnt nicht mit einem weichen Konsonanten.

j) śṛigâlo harati oder शृगालो हरति

Die Endung von śṛigâla muss sich zu śṛigâlo verändern, weil das folgende Verb mit einem weichen Konsonanten beginnt.

k) putraḥ charati oder पुत्रः चरति

Keine Veränderung der Endungen, weil das "ḥ" oder visarga von putraḥ nicht von einem Verb gefolgt wird, welches mit einem weichen Konsonanten beginnt.

## Weitere Antworten

अश्व oder "Pferd" ist ein männliches Substantiv auf "a".

नर oder "Mann" ist ein männliches Substantiv auf "a".

अन्न oder "Lebensmittel" ist ein sächliches Substantiv auf "a".

सर्प oder "Schlange" ist ein männliches Substantiv auf "a".

मूषिक oder "Maus" ist ein männliches Substantiv auf "a".

मृग oder "Hirsch" ist ein männliches Substantiv auf "a".

पान्थ oder "Reisender" ist ein männliches Substantiv auf "a".

बल oder "Junge" ist ein männliches Substantiv auf "a".

पत्र oder "Blatt" ist ein sächliches Substantiv auf "a".

शृगाल oder "Schakal" ist ein männliches Substantiv auf "a".

पुत्र oder "Sohn" ist ein männliches Substantiv auf "a".

a) पिता चरति oder pitâ charati.

b) chandraśchalati oder चन्द्रश्चलति

c) माता शोचति oder Matā śochati.

d) vṛikshaḥ phalati oder वृक्षः फलति

e) Gurustyajati oder गुरुस्त्यजति

f) haristarati oder हरिस्तरति

g) पुत्रः पचति oder putraḥ pachati.

Gehe zurück zum Schema zur Aussprache der Vokale. Nachdem du es SORGFÄLTIG studiert hast, lies diesen Text aus dem HITOPADESA. Es ist eine Fabel über den Löwen, die Maus und die Katze. Vielleicht verstehst du (noch) nicht ein einziges Wort, aber das macht nichts. Die Leseübung gewöhnt deine Zunge an die richtige Sanskrit Aussprache.

## DER LÖWE, DIE MAUS UND DIE KATZE

astyuttarâpathe' rbudaśikharanâmni parvate mahâvikramo nâma siṃhaḥ. tasya parvata kandaramadhiśayânasya kesarâgraṃ mûshikaḥ kaśchichchhinatti. sa siṃhaḥ kesarāgraṃ lûnaṃ buddhvâ kupito vivarântargataṃ mûshikamalabhamâno 'chintayat. kiṃ vidheyamatra. bhavatu. evaṃ śrûyate.
kshudraśatrurbhavedyastu vikramānna sa namyate. taṃ nihantuṃ puraskâryah sadriśastasya sainikaḥ.
ityâlochya tena grâmaṃ gatvâ dadhikarṇanâmâ bidâlo mâṃsâdyâhâreṇa saṃtoshya prayatnâdânîya svakandare dhṛitaḥ. tatastadbhayânmûshiko bahirna niḥsarati. tenâsay siṃho 'kshatakesaraḥ sukhaṃ svapiti. mûshikaśabdaṃ yadâ yadâ śṛiṇoti tadâ tadâ saviśeshaṃ taṃ biḍâ laṃ mâm sâhâ radâne na saṃvardhayati. athaikadâ sa mûshikaḥ kshudhâ piḍito bahiḥ saṃcharaṇstena mârjâreṇa prâpto vyâpâditaḥ khâditascha. anautaraṃ sa siṃho yadâ kadâchidapi mûshikaśabsaṃ na śuśrâva tadopayogâbhâvâttasya biḍâlasyâhâradâne mandâdaro babhûva. ato' haṃ bravîmi. nirapeksho na kartavyo bḥrityaiḥ svâmî kadâchana. nirapekshaṃ prabhuṃ kṛitvâ bhrityaiḥ svâmi kadâchana.
nirapekshaṃ prabhuṃ kṛitvâ bhṛityaḥ syâddadhikarṇavat.

Übung ist alles. Hier folgen einige männliche, sächliche und weibliche Substantive auf "a" und einige männliche und weibliche Substantive auf "i", "ri", "î" und "u".

## Männliche Substantive auf "a"

| | | | | | |
|---|---|---|---|---|---|
| Sohn | - putra | पुत्र | Mann | - nara | नर |
| Pfeil | - bâṇa | बाण | Einheit (mit der Monade) | - yoga | योग |
| Anhänger | - bhakta | भक्त | Mond | - chandra | चन्द्र |
| Qualität | - guṇa | गुण | Pferd | - aśva | अश्व |
| Garten | - ârâma | आराम | Ärger | - krodha | क्रोध |
| Schüler | - śishya | शिष्य | Schlange | - sarpa | सर्प |
| Hand | - hasta | हस्त | Dieb | - chaura | चौर |
| Tiger | - vyâghra | व्याघ्र | Wagen | - ratha | रथ |
| Glückseligkeit | - ânanda | आनन्द | Gärtner | - malika | मालिक |
| Krähe | - kâka | काक | Kran | - baka | बक |

## Sächliche Substantive auf "a"

| | | | | | |
|---|---|---|---|---|---|
| Unsterblichkeit | - amṛita | अमृत | Wissen | - jñâna | ज्ञान |
| Körper | - rûpa | रूप | Samen | - bîja | बीज |
| Wahrheit | - satya | सत्य | Sünde | - pâtaka | पातक |
| Blume | - pushpa | पुष्प | Kopf | -mastaka | मस्तक |
| Familie | - kula | कुल | Wasser | - jala | जल |

Blatt - patra पत्र
Haus - gṛiha गृह
Sitz - âsana आसन
Lebensmittel - anna अन्न
Ufer - tira तीर
Buch - pustaka पुस्तक
Rad - chakra चक्र
Schmerz - duḥkha दुःख
Sein - bhûta भूत

Holz - vana वन
Rede - vachana वचन
Tod - mṛita मृत
Reichtum - dhana धन
Schrift - śâstra शास्त्र
Frucht - phala फल
Opfer - huta हुत
Glückseligkeit - sukha सुख

## Weibliche Substantive auf "a"

Vertrauen - śraddhâ श्रद्धा
Wissen - vidyâ विद्या
Verletzung - hinsâ हिंसा
Girlande - mâlâ माला
Mädchen - kanyâ कन्या
Wunsch - ichchhâ इच्छा
Dienst - sevâ सेवा

Stern - târâ तारा
Aktion - kriyâ क्रिया
Anbetung - pûjâ पूजा
Versammlung - sabhâ सभा
Betrachtung - chintâ चिन्ता
Laute - vîṇâ वीणा

## Männliche Substantive auf "ṛi"

Gebender - dâtṛi दातृ
Vater - pitṛi पितृ

Macher - karttṛi कर्त्तृ
Schöpfer - dhâtṛi धातृ

## Männliche Substantive auf "i"

Feuer - agni अग्नि

Affe - kapi कपि

Dichter - kavi कवि

hari (Name von vishṇu) हरि

Meister - pati पति

## Weibliche Substantive auf "i"

Verständnis - buddhi बुद्धि

Erde - bhûmi भूमि

Frieden - śânti शान्ति

Macht, Kraft - śakti शक्ति

Genuss - ruchi रुचि

Perfektion - siddhi सिद्धि

## Weibliches Substantiv auf "i"

Wohlstand - śri श्री

## Männliche Substantive auf "u"

Lehrer - guru गुरु

Herr - prabhu प्रभु

Feind - satru शत्रु

Tod - mṛityu मृत्यु

## Männliche Wörter auf "in"

Elefant - hastin हस्तिन्

Yoga Anhänger - yogin योगिन्

## Männliche Wörter auf "in"

Geist-Selbst - âtman आत्मन्

"Schöpfer" - brahman ब्रह्मन्

König - râjan राजन्

## Andere Wörter

Wort - vâch (w) वाच्

Welt - jagat (s) जगत्

Name - nâman (s) नामन्

Realität, Sein - sat (m) सत्

Bewusstsein - chit (w) चित्

Handlung - Karman (s) कर्मन्

König - râjan (m) राजन्

Wort - gir (w) गिर्

Seite, Richtung - diś (w) दिश्

Blitz - vidyut (w) विद्युत्

Maler - chitralikh (m) चित्रलिख्

Das Göttliche - brahman (s) ब्रह्मन्

## Wichtige Sanskrit Begriffe

ABHAYA - अभय
Wenn du VOLLKOMMENE LIEBE erfährst, dann bist du im Zustand MENTALEN FRIEDENS und GLEICHMUTS oder ABHAYA. Von "A" - nicht und "BHAYA" - Furcht.

ÂCHÂRYA - आचार्य
Ein spiritueller Führer.

ADHYÂTMAN - अध्यात्मन्
Das HÖHERE SELBST.

ADHYÂYÂ - अध्याय
Kapitel eines Buches, aber auch "studieren" oder "sich mental zuwenden". ADHI - gegenüber, hin, zu; I - gehen.

ÂDI-BHÛTA - आदिभूत
Erstes kosmisches Element (von oben).

ÂDI BUDDHA - आदिबुद्ध
Der erste BUDDHA. In UNSEREM Sonnenuniversum ist es die HÖCHSTE INDIVIDUALISIERTE WESENHEIT, auch "STILLER WÄCHTER" genannt.

ÂDI BUDDHI - आदिबुद्धि
Ursprüngliche verbreitete Essenz oder: Man kann ÂDI BUDDHI auch als die SUMME ALLER INTELLIGENZ IM UNIVERSUM bezeichnen.

ÂDI-TATTVA - आदितत्त्व
DAS EINE oder: Das ursprüngliche Prinzip. Die REALITÄT (ohne MÂYÂ oder ILLUSION) in ALLEM.

**ADITI - अदिति**

UNBEGRENZTE göttliche Weisheit. DIE SONNE zum Beispiel wurde aus der GÖTTLICHEN WEISHEIT oder ADITI geboren. Die SIEBEN STRAHLEN und PLANETENENGEL[9] unseres SONNENSYSTEMS wurden aus ADITI heraus geboren. A - nicht. DITI - Grenze.

**ÂDITYA - आदित्य**

Geboren aus ADITI. Oder: SÖHNE von ADITI (den Sieben Planetenengeln und ihren Planeten zum Beispiel).

**ADWAITA - अद्वैत**

A - nicht, DWAITA - Dualität. Nicht dual. Die ADWAITA SCHULE lehrt, dass alle Dinge von EINEM kommen, und dieses EINE ist zweitlos und deshalb JENSEITS DES VERSTÄNDNISSES. ÂTMAN und BRAHMAN sind EINS.

**AGNI - अग्नि**

Feuer oder INNERE ESSENZ.

**AGNISHWÂTTA - अग्निष्वात्त**

Eine spirituelle Wesenheit, welche ein KUMÂRA oder ein sich noch nicht bewusster GOTT (oder menschliche MONADE) war und DANN 4.320.000.000 Jahre durch Erfahrungen in der MATERIELLEN Welt ging und dann am Ende der SIEBENTEN RUNDE jemand wurde, der vom Feuer des GEISTES (oder BUDDHI-MANAS) gekostet hat und so ein AGNISHWÂTTA wurde. In der ERSTEN RUNDE (oder später) auf der NEUEN Kette wird dieser AGNISHWÂTTA ein MÂNASAPUTRA werden oder einer, der sein Denken oder MANAS in eine mindere Wesenheit oder junges menschliches Wesen projiziert für das kommende neue MANVANTARA.

**AHAM ASMI PARABRAHMA - अहम् अस्मि परब्रह्म**

ICH BIN PARABRAHM oder das, was sich JENSEITS DES VERSTÄNDNISSES befindet. Oder: Ich bin dieses unendliche Selbst!

---

9 Oder ZWÖLF…

AHAM BRAHMÂSMI - अहम् ब्रह्मास्मि

Ich bin das UNIVERSELLE[10] SELBST.

AHAM EVA PARABRAHMA - अहम् एव परब्रह्म

Ich bin das wahrlich UNENDLICHE[11].

AHANKÂRA - अहन्कार

Der (falsche) Gedanke, dass du eine PERSON bist. Dieser Gedanke führt zu SELBSTSUCHT. AHANKÂRA ist EGOISMUS. "Ich bin ich" oder ein persönliches EGO, welches falsch ist. Zerstöre AHANKÂRA und du wirst ein BUDDHA. AHAM - ICH, KÂRA - von KṚI - etwas tun oder machen.

AHINSÂ - अहिन्सा

Das Gesetz der Barmherzigkeit für ALLE.

AJÑÂNA - अज्ञान

Nichtvorhandensein von Wissen. JÑÂ - wissen, A - nicht. Nichtvorhandensein von Weisheit.

ÂKÂŚA - आकाश

Fünftes KOSMISCHES ELEMENT (Erde, Wasser, Luft, Feuer und ÂKÂŚA). ÂKÂŚA ist von spiritueller Natur, und doch ist "sie" MATERIE (wenn auch NICHT-atomar). Sie durchdringt ALLES. Das ATTRIBUT von ÂKÂŚA ist KLANG. Das WORT wurde ÂKÂŚA durch GÖTTLICHEN GEDANKEN gegeben, was ÂKÂŚA zum VEHIKEL göttlichen Denkens macht. Wann immer wir einen höheren Gedanken haben, nutzen wir das Medium ÂKÂŚA.
Sie ist auch die "Erinnerungstafel", auf welcher alles, jeder Gedanke, jede Handlung, aufgezeichnet ist. LIEBE schafft ÂKÂŚA. LIEBE schafft ein Schild, ein SCHUTZSCHILD von ÂKÂŚA um uns herum, und nichts Böses kann zu

---

10 Sogar BRAHMAN kann PARABRAHMAN **nicht** erfassen.

11 Es gibt einen Widerspruch, da PARABRAHMAN jenseits JEGLICHER Definition ist. Man kann höchstens sagen, was es NICHT ist, nämlich alles als vergänglich Erkennbare.

uns dringen. Doch nur vollkommene Liebe ist in ÂKÂŚA aufgezeichnet, NIEDERE weltliche Gedanken und Gefühle sind in einer NIEDEREN Unterabteilung von ÂKÂŚA, ASTRALLICHT genannt, aufgezeichnet. Von KÂŚ - scheinen, leuchten. Es ist eine LEUCHTENDE Substanz.

ÂKÂŚA-BHÛTA - आकाश - भूत

Gegenstück zu ÂKÂŚA-TATTWA (Ätherprinzip).

ÂKÂŚA-TATTWA - आकाश - तत्त्व

Ätherprinzip.

ÂKÂŚIC

Spirituell - leuchtend - ursprünglich - subtil - übersinnlich - alles durchdringend.

AKSHARA - अक्षर

BRAHMAN ist akshara oder UNVERGÄNGLICH, aber auch andere hohe Götter der HINDÛS sind AKSHARA. Von A - nicht und KSHAR - umkommen, zugrunde gehen.

ALAYA - अलय

A - nicht, LAYA von LI - sich auflösen. Wie AKSHARA. ALAYA ist die UNVERGÄNGLICHE höhere Form von ÂKÂŚA und sogar von der WURZELMATERIE oder MÛLAPRAKṚITI. Doch weil auch das SPIRITUELLE SELBST des Menschen 311.040.000.000.000 Jahre oder EIN MAHÂMANVANTARA besteht, ist ALAYA auch das SPIRITUELLE SELBST im Menschen genauso wie die WELTSEELE. OM.

AMITÂBHA - अमिताभ

A - NICHT, MITA von MÂ - messen, ÂBHÂ - Herrlichkeit. AMITÂBHA - nicht messbare Herrlichkeit, unendliches Licht. AMITÂBHA ist nicht - PARABRAHMAN[12]. Wenn der innere GOTT deine Seele erfüllt, erfährst du AMITÂBHA. So erging es dem Buddha.

12 Denn Parabrahman ist NIRVÂṆA und damit auch jenseits der höchsten Herrlichkeit. Löse das Rätsel.

AMṚITA - अमृत

Das "ELIXIER DES LEBENS", Leben gebende Wasser der GÖTTER der WEISHEIT, AMṚITA, macht einen MEISTER DES TODES und des LEBENS. A- NICHT, MṚITA - von MṚI - sterben. SAMEN ist das MANIFESTIERTE LEBENSELIXIER. "Trinke es", was bedeutet, behalte und transformiere es, und du wirst in diesem oder mit Sicherheit im nächsten Leben ERLÖSUNG erlangen.

AMṚITA-BUDDHA - अमृत बुद्ध

Der UNSTERBLICHE BUDDHA.

AMṚITA-YÂNA - अमृत यान

Es ist der Pfad zur UNSTERBLICHKEIT, gewählt von den BUDDHAS der BARMHERZIGKEIT, der zu NIRVÂṆA führt. Dieser Pfad erweckt die DREI HÖCHSTEN Prinzipien im Menschen (ÂTMA-BUDDHI-MANAS). AMṚITA - unsterblich, YÂNA - Pfad.

ANÂGÂMIN - अनागामिन्

Wenn alle Lektionen auf dieser irdischen Ebene gelernt sind, wird man ANÂGÂMIN, was bedeutet, dass man nicht wieder reinkarniert (auf dieser Ebene)[13]. AN - NICHT, ÂGÂMIN - KOMMEN.

ANÂHATA-ŚABDA - अनाहत शब्द

Ein mystischer Klang, "nicht durch anschlagen erreicht". Nur diejenigen, die frei von MÂYÂ geworden sind, können diesen Klang hören. AN - NICHT, ÂHA-TA, von ÂHAN - schlagen, SABDA - Klang oder "ein Klang, nicht erzeugt durch schlagen".

ÂNANDA - आनन्द

Wenn du NIRVÂṆA erreicht hast, bist du im Zustand der reinen Glückseligkeit, des höchsten Glücksgefühls oder von ÂNANDA.

---

13 Es sein denn, man entscheidet sich SELBST dafür, wie der BUDDHA es aus Barmherzigkeit getan hat.

**ÂNANDAMAYA-KOŚA - आनन्दमय कोष**

Das ist der Schleier oder die Hülle ihres BUDDHI oder der SPIRITUELLEN MONADE. Jede Wesenheit braucht ein VEHIKEL. ÂNANDAMAYA-KOŚA ist das VEHIKEL, aber auch der Schleier ihrer MONADE. Ohne dieses könnte die MONADE nicht das gesamte SONNENSYSTEM[14] umfassen, ja ÜBERTREFFEN. Jeder Teil des siebenfältigen Menschen hat sein EIGENES VEHIKEL oder vielmehr: Die VEDEN teilen den Menschen in die MONADE und FÜNF HÜLLEN ein. EINE[15] davon ist ÂNANDAMAYA-KOŚA. ÂNANDA - reine Glückseligkeit, MÂYÂ (in diesem Falle) - gemacht aus, KOŚA - Hülle.

**AṆḌA - अण्ड**

AṆḌA ist EI. Nicht ein wirkliches Ei ist gemeint, sondern das "Ei des BRAHMÂ" oder das "siebendimensionale UNIVERSELLE EI".

**ANNAMAYA KOŚA - अङ्गारक**

Der PHYSISCHE KÖRPER oder das physische VEHIKEL für die MONADE. ANNA - Lebensmittel der Erde, KOŚA - Hülle.

**ANTAḤ KARAṆA - अन्तःकरण**

Wann immer du vom NIEDEREN zum HÖHEREN denkst, schaffst du ANTAḤ KARAṆA. Es ist der Pfad. Jede spirituelle Handlung ist ANTAḤ KARAṆA. Man könnte es auch als die Verbindung oder BRÜCKE zwischen der Persönlichkeit (niederes Denken) und der REINKARNIERENDEN INDIVIDUALITÄT (HÖHERES Denken) bezeichnen. Jemand, der BEFREIT ist, kann alle Brücken hinter sich niederbrennen.
ANTAR - zwischen, KARAṆA - von KṚI - tun, handeln, bewirken. ANTAḤ KARAṆA (auch ANTAS KARAṆA) - das, was dazwischen handelt oder wirkt.

**AṆU - अणु**

Ein chemisches Atom, doch als VEHIKEL eines GEISTES oder einer MONADE (wenn auch noch schlummernd und Opfer der ELEMENTALEN

---

14 Deshalb besaß der Buddha eine Weisheit, welche sogar die Ebenen unseres SONNENSYSTEMS überragte.
15 Die HÖCHSTE.

ESSENZ). A - nicht, ṆU - gewiss, Wissen. Was übrigens klar zeigt, dass die HINDÛS bereits vor TAUSENDEN, ja HUNDERTTAUSENDEN von Jahren wussten, dass das ATOM der MATERIE **nicht** die WURZEL von allem ist, wie die Wissenschaft denkt, aber dass es SPALTBAR ist. DESHALB nannten sie das kleinste PHYSISCHE Teilchen "NICHT SICHER UND KEIN WISSEN", womit sie meinten, dass AṆU eine vergängliche Illusion ist und - obwohl das KLEINSTE des Sichtbaren - immer noch mehr als eine ATOMARE SPALTUNG oder EXPLOSION oder eine KETTENREAKTION hinweg vom Kleinsten des UNSICHTBAREN.

ANUPAPÂDAKA - अनुपपादक

Selbstgeboren, elternlos[16]. In unserem Geist sind wir ALLE selbstgeboren. Nur der PHYSISCHE Körper muss aus dem weiblichen Schoß heraus geboren werden (wenigstens für die nächsten 8 - 9 Millionen Jahre). Der EINGEWEIHTE JESUS war BEWUSST selbstgeboren und wählte die vergängliche Hülle.

ANUPAPÂDAKA - BHÛTA - अनुपपादक भूत

Selbstgeboren (aus dem TATTVA). Kosmisches Element oder Mûlaprakriti. Ein Wald, wenn ohne ^ oder ARAṆYAKA geschrieben. Mit ^ ist es ein Einsiedler, der in Wäldern wohnt bzw. ein Waldbewohner. Von ARAṆYA - Wald und OKAS - wohnen.

ARAṆYAUKAS

Dasselbe.

ARDHA-MÂTRÂ - अर्धमात्रा

Der halbe Ton, der vom A zum U zu M entsteht, wenn wir AUM sagen. Auch "halber Meter" genannt.

ARHAN - अर्हन्

Ein anderes Wort für ARHAT. Jemand, der überlegen ist an Weisheit und Vollkommenheit.

16 Doch nicht ohne Quelle, mehr eine Existenz ohne individuellen Vorfahren. Unser Denken zum Beispiel entspringt NICHT unseren Eltern, deshalb ist es ELTERNLOS. Ergo: Das Kind ist NICHT das Produkt seiner Eltern! Es ist vielmehr das Ergebnis seines Karmas, also seines eigenen Handelns. Die Eltern liefern nur das anatta.

ARHAT - अर्हत्

Von ARH - verdienen, würdig sein. Jemand, der sich durch EIGENE Anstrengung würdig erwiesen hat für NIRVÂṆA. Doch ARHAT kann auch der Pfad ZU NIRVÂṆA selbst sein. BEFREIUNG, FRIEDEN und WEISHEIT erwarten einen ARHAT.

ARJUNA - अर्जुन

ARJUNA ist im "HEILIGEN LIED"[16b] der Jünger des Avatâra KṚISHNA, doch Arjuna ist auch die lernende Menschheit per se.

ARÛPA - अरूप

Etwas oder alles OHNE (A) einen Körper. Körper - RÛPA.

ANUPAPÂDAKA - TATTWA - अनुपपादक तत्त्व

Transformation bzw. REFLEKTION aus dem Elternlosen, Ungeborenen.[17]

APÂNA - अपान

VITALER ATEM. Nicht unbedingt nur der physische Atem, sondern auch der geistige Atem. Sämtliche Abfallstoffe werden durch APÂNA ausgestoßen. APA - weg, AN - atmen.

APAS - BHÛTA - अपस् भूत

Kosmisches Prinzip oder Wurzelelement von WASSER oder vielmehr: KOSMISCH MANIFESTIERTES WURZELELEMENT des WASSERS (aus seiner Quelle bzw. Prinzip ÂPAS TATTVA emanierend). Dasselbe geschieht mit allen anderen BHÛTAS. Jedes hat seine TATTWA Quelle.

ÂPAS - BHÛTA - आपस् भूत

Dasselbe.

---

16b Bhagavad-Gîtâ - Teil des MAHÂBHÂRATA.

17 Was uns klar zeigt, dass es vielleicht sogar etwas HÖHERES als den GEIST gibt... Doch glaube nicht einmal einen Moment lang, dass du DAS EINE erreichen kannst ohne zuerst spirituell geworden zu sein. OM.

### APAS - TATTWA - अपस् तत्त्व

Wasserprinzip oder Essenz des WASSERS. APAS - BHÛTA wäre das MANIFESTIERTE Element oder WURZELELEMENT des Wassers.

### ÂPAS - TATTWA - आपस् तत्त्व

Dasselbe.

### ARAṆYAKA - अरण्यक

Nicht - A, ARÛPA - kein Körper. Zum Beispiel die FÜNF HÖHEREN GLOBEN der PLANETENKETTE und die ERSTEN DREI (von oben) LOKAS und TALAS sind ARÛPA, weil sie und ihre Bewohner keine Form haben, und doch EXISTIEREN sie.

### ÂRYA - आर्य

ÂRYA bedeutet "würdig", "heilig". Weise und spirituelle Menschen im alten Indien .

### ÂRYASANGHA - आर्य सङ्घ

Ein direkter Jünger von GAUTAMA BUDDHA (6 v. Chr.). Es gab ZWEI ÂRYASANGHA. Der erste gründete eine Schule und lehrte ESOTERISCHE WISSENSCHAFTEN. Der zweite lebte ungefähr tausend Jahre später und war NICHT so spirituell. Er lehrte niederes TANTRA[18].

### ÂRYÂVARTA - आर्यावर्त

ÂRYA - weise, heilig, würdig, spirituell. ÂVARTA - Wohnsitz. ÂRYÂVARTA - Wohnsitz der ÂRYA. Dieser Name, ÂRYÂVARTA, wurde in uralten Zeiten NORD- und ZENTRALINDIEN gegeben.

### ÂSANA - आसन

Von ÂS - sitzen. ÂSANA ist eine Stellung oder Körperhaltung, die während der Meditation eingenommen wird. Aber auch jede YOGA-Stellung ist mit ÂSANA gemeint.

---

18 Schwarze Magie.

## ASAT - असत्

SAT ist WIRKLICHKEIT oder WAHRHEIT. ASAT ist UNWAHRHEIT, UNWIRKLICHKEIT, NICHT SEIN oder die VERGÄNGLICHE WELT der MATERIE oder einfach MÂYÂ.

## ASHṬA - अष्ठ

Acht Stufen (göttlicher VEREINIGUNG). Oder: die ASHṬA Stufen des YOGA:

I. Des Denkens
II. SELBST-KONTROLLE (NIYAMA) bzw. Kontrolle des anatta
III. Wissenschaft der KÖRPERHALTUNGEN (ÂSANA)
IV. Wissenschaft des ATMENS (PRÂṆÂYÂMA)[19]
V. Zurücknahme des Bewusstseins von ÄUSSEREN UND SINNLICHEN Dingen (PRATYÂḤÂRA)
VI. KONZENTRATION (DHÂRAṆÂ)
VII. MEDITATION (DHYÂNA)
VIII. SPIRITUELLES BEWUSSTSEIN und WEISHEIT (SAMÂDHI)

## ÂŚRAMA - आश्रम

Eine Einsiedelei für Asketen und Weise. Auch ein ESOTERISCHER ORT, Einweihungskammer. Von âśram - zum Selbst kommen im PRIVATEN.

## ÂSTIKA - आस्तिक

Ein an GOTT Glaubender, der die ANBETUNG benötigt. ÂSTIKA bedeutet "GOTT EXISTIERT" oder "EINS oder GOTT EXISTIERT" oder "Es existiert". Doch ein ÂSTIKA glaubt an einen vermenschlichten oder anthropomorphen GOTT. Deshalb ist ein ÂSTIKA kein Schüler des WAHREN OKKULTEN PFADES.

## ASURA - असुर

Es gibt ZWEI Definitionen des ASURA, eine ESOTERISCHE (oder innere, verborgende, geheime) und eine EXOTERISCHE, also enthüllte.
Die esoterische Bedeutung von ASURA: ASURA ist ein GEFALLENER ENGEL oder einer jener gefallenen Engel, die den Funken der Weisheit in uns

---

19 Wenn falsch gedacht und angewandt, führt es meist zur Zerstörung von DENKEN **und** KÖRPER.

projizierten (Mittelpunkt der Dritten Rasse). Einige gehorchten, einige weigerten sich - und gehorchten später...
Dieses Wissen wurde im Grundsatz so verfälscht, dass die BRÂHMANISCHEN Sekten die ASURAS später als (verkörperte oder körperlose) DÄMONEN bezeichneten. Um ihren falschen Glauben sogar mit SANSKRIT zu untermauern, analysierten sie ASURA als A - nicht und SURA - GOTT, ein NICHT GOTT oder NICHT ein GOTT oder GEGEN GOTT. Doch ursprünglich ist der Name ASURA abgeleitet von ASU, was ATEM und ein GÖTTLICHER GEIST ist, wie benutzt und definiert im RIG-VEDA.

### ASURAMÂYÂ - असुरमाया

Ein großer Weiser und berühmter ATLANTISCHER Astronom, der vor über zwei Millionen Jahren sein astronomisches Werk[20] schrieb. Der Name dieses universellen astronomischen Werkes: SÛRYA-SIDDHÂNTA. SÛRYA - Sonne, SIDDHÂNTA von DIDDHA - vollendet und anta - Ende der Fertigstellung oder alles zusammen: Eine vollendete Abhandlung der SONNENGÖTTER.

### AŚWATTHA - अश्वत्थ

DER BAUM DES LEBENS. Er wächst VON OBEN NACH UNTEN, mit Zweigen, die sich nach unten und Wurzeln, die sich nach oben ausbreiten, was ESOTERISCH bedeutet, dass man von der MÂYÂ der ZWEIGE (oder der physischen Welt) kosten muss, um durch Loslösung die Wahrheit zu erreichen oder die WURZELN DES LEBENSBAUMES. Doch die WAHRHEIT ist sogar JENSEITS dieser Wurzel, es ist **PARABRAHMAN**. Die WAHRHEIT kommt, wenn man die Aufhebung aller Wahrnehmung und Empfindung erlangt hat, also NIRVÂṆA. OM.

### ATALA - अतल

Die Gegenpole der "Welt der Wahrheit und Wirklichkeit" oder von SATYA Loka. Ein "erstes ETWAS" der Existenz. Aber es ist auch ein "Nicht-Ort", weil physisch nicht wahrnehmbar wegen seiner besonderen SPIRITUELL-ÄTHERISCHEN Struktur und Natur. Es ist der Ort ENDGÜLTIGER VERNICHTUNG für eine verlorene Seele auf dem SCHWARZMAGISCHEN oder LINKEN oder ABWÄRTSPFAD. A - nicht, TALA - ein Ort.

---

20 Diktiert von den SONNENGÖTTERN (Geheimlehre, Blavatsky).

**ANTHARVA-VEDA - अथर्व वेद**

Teil der VEDEN, welcher die MAGISCHE FORMEL enthält, WIE die MANTRA zu singen ist.

**ÂTMA JÑÂNIN - आत्म ज्ञानिन्**

Einer, der sein göttliches Selbst kennt oder der weiß, dass er tatsächlich GOTT ist. ÂTMAN - Göttlichkeit der Menschheit, JÑÂNIN- von JÑÂ - kennen, wissen.

**ÂTMAN - आत्मन्**

Dein GÖTTLICHES Selbst, der GOTT, der du bist. Das HÖCHSTE Prinzip beim Menschen. BEWUSSTSEIN. Durch dieses ÂTMAN in uns sind wir alle mit BRAHMAN (Selbst des Universums) verbunden. OM. OM. ÂTMAN - ATEM. Bei meditativer Loslösung von Brahman kommt NIRVÂṆA, das Ende des Leidens und wahre, zeitlose Unsterblichkeit, frei von Dauer.

**ÂTMA-VIDYÂ - आत्म विद्या**

Dasselbe wie ÂTMA JÑÂNIN, nur dass JÑÂNIN der WISSENDE ist und VIDYÂ das WISSEN (okkulte Wissenschaft). Von VID - wissen. ÂTMA-VIDYÂ - Das Wissen über die Gottheit in dir oder: UNIVERSELLE WEISHEIT.

**ATTAVÂDA - अत्तवाद**

ATTA ist SEELE, VÂDA ist der GLAUBE. Diejenigen, die (irrtümlicherweise) glauben, dass die Seele getrennt ist von BRAHMAN, haben ATTAVÂDA (Paliwort). Und weil das tatsächlich ein falscher Glaube ist, wird ATTAVÂDA "IRRGLAUBE DER GETRENNTHEIT" genannt.

**ÂTYANTIKA-PRALAYA - आत्यन्तिक प्रलय**

Diejenigen, die **vor** dem Ende der SIEBENTEN PLANETARISCHEN RUNDE oder EINES MANVANTARAS (4.320.000.000 Jahre) NIRVÂṆA erreichen, genießen ÂTYANTI-KA-PRALAYA. Es betrifft jedoch auch diejenigen, die vor dem GROSSEN MAHÂ-MANVANTARA NIRVÂṆA betreten. Zum Beispiel: MAHÂ PRALAYA dauert 311.040.000.000.000 Jahre. Das HÖCHSTE oder LÄNGSTE ÂTYAN-TIKA-PRALAYA, welches für ein individuelles Wesen möglich ist, wäre folglich fast zweimal dieser Zeitraum, denn eine Periode der Aktivität oder ein MAHÂ MANVANTARA dauert auch 311.040.000.000.000 Jahre. ATI - jenseits, ANTA - Ende, ATYANTIKA - endlos.

**AUM[21] - अउं ,अउम्**

Auch OM. Verwendet von CHELAS und EINGEWEIHTEN. Einst war es so heilig, dass es bei TIEFEM ATEM gesprochen wurde. Wenn AUM und OM gesprochen wurde, durfte NIEMAND in der Nähe sein. AUM richtet sich auch an DREI GÖTTER:

A (Agni), V oder U (VARUNA) und M (Maruts) oder
FEUER WASSER LUFT.

Doch hier ist die ESSENZ von FEUER, WASSER und LUFT gemeint. Deshalb werden sie auch "das dreifache Feuer" oder DIE HÖCHSTEN TETRAKIYS genannt. AUM ist auch DIE DREI VEDAS. AUM, wenn richtig ausgesprochen, erweckt und repräsentiert die REINKARNIERENDE WESENHEIT in dir, nämlich ÂTMA - BUDDHI - MANAS. A ist SCHÖPFUNG, U ist KONSERVIERUNG), M ist TRANSFORMATION. Oder: A ist BRAHMAN, U ist VISHṆU, M ist ŚIVA.

**AVALOKITEŚVARA - अवलोकितेश्वर**

Wenn das NIEDERE Selbst das HÖHERE Selbst erkennt oder vielmehr wenn das MENSCHLICHE Selbst das GÖTTLICHE Selbst erkennt oder wenn sogar DHYÂN-CHOHANS ÂDI-BUDDHA erkennen, **dann** erfahren sie alle AVALOKITEŚVARA oder "den abwärts sehenden Herrn", welcher dennoch NOCH NICHT die richtige ESOTERISCHE Definition ist. Diese okkulte Definition ist verborgen im *BUCH DES LICHTS*.

**AVASTHÂ - अवस्था**

Ein Zustand. SWAPNA-AVASTHÂ zum Beispiel ist ein Schlafzustand.

**AVATÂRA - अवतार**

Eine GOTTHEIT, die von ihrer (göttlichen) Ebene auf unsere (menschliche) herabsteigt. Ein AVATÂRA ist VERGÄNGLICH und von WEISSER MAGIE hervorgebracht und zum alleinigen Zweck, die Menschheit in ihren DUNKELSTEN Stunden zu ERLEUCHTEN. Wenn die Gottheit von oben herabsteigt, verschleiert es sich als hoch evolvierte Seele, welche zu einem Buddha

21 Wie man A U M ausspricht siehe unter ARDHA-MÂTRÂ.

oder BODHISATTVA gehört. Beim weiteren Absteigen wählt die GOTTHEIT einen sauberen und reinen physischen Körper. AVA - nieder, herab, TRI - bestehen.

AVÎCHI - अवीचि

All die sinnlichen, habgierigen und betrügerischen Menschen, die während ihrer physischen Existenz großes Leid über andere gebracht haben, werden nach dem Tode in ihren ASTRALKÖRPERN auf der NIEDERSTEN ASTRAL-EBENE, AVÎCHI genannt, erwachen. Dies betrifft also die meisten Politiker, Banker und Priester. Dort werden sie die Beute ihrer EIGENEN LASTER sein. Kein Vergnügen gibt es auf dieser ASTRALEN EBENE, sondern nur ... SCHMERZ und LEIDEN. Dort gibt es nur STAGNATION. AVÎCHI ist die Tür zur ACHTEN SPHÄRE oder dem PLANETEN DES TODES, für welchen gilt: Je weniger darüber gesagt, umso besser.
Dort, auf dem PLANETEN DES TODES, startet KARMA seine verheerendsten Schläge, bevor der Sünder aus der ACHTEN SPHÄRE verschwindet und wieder in den kosmischen Kreislauf reinkarniert wird, beginnend als Teil der elementalen Essenz in den NIEDERSTEN KÖNIGREICHEN (sogar unter dem Mineral). A - NICHT, VÎCHI - WELLEN (Vergnügen), also schwingungslos.

AVIDYÂ - अविद्या

VIDYÂ ist WEISHEIT, A-VIDYÂ ist KEINE WEISHEIT. Ein Mangel an Weisheit kann als Hauptursache für all das BÖSE und das LEIDEN auf der Welt betrachtet werden, und es ist dieser Mangel an Weisheit, auch AVIDYÂ genannt, was den Menschen zu einem hilflosen Opfer seiner eigenen (und fremden) ASTRALKRÄFTE (Begierde, Hass, Leidenschaft, Angst, Sucht usw.) macht.

BARHISHAD - बर्हिषद्

Jene LUNAREN GÖTTER, die uns (der MONADE) ihre ASTRALKÖRPER gaben, welche später zum Modell für den PHYSISCHEN KÖRPER wurden, daher der Name LINGA-ŚARÎRA, was MODELLKÖRPER bedeutet. So entstand die ERSTE RASSE, die ASTRALKÖRPER, welche jedoch NOCH KEIN DENKEN hatten. Man nannte sie "diejenigen, die die MENSCHLICHE ASTRALE FORM HABEN" oder "Erbauer der MATERIELLEN TEILE DES MENSCHEN". Esoterisch bedeutet dies, dass sie das "Haushalter Feuer" bewahrten (denn das ASTRAL ist tatsächlich ein LEBENDES FEUER), sitzend auf HEILI-

GEM GRAS, (hier als PHYSISCHE KÖRPER gemeint). Später wurde diese ESOTERISCHE BEDEUTUNG entweiht und der Name BARHISHAD bedeutete einfach HAUSHALTER per se. BARIS - heiliges Gras (oder Feuer), SAD-sitzen.

**BAUDHA - बौध**

BAUDHA - WEISE.

**BHAGAVAD-GITÂ - भगवद् गिता**

Teil des großen epischen Gedichts, genannt MAHÂBHÂRATA. Das BHAGAVAD-GITÂ wird auch "DAS HEILIGE LIED" genannt, wo der AVATÂRA KṚISHNA mit seinem Anhänger ARJUNA (ebenfalls Menschheit) HÖCHSTE PHILOSOPHISCHE FRAGEN diskutiert.

**BHAKTI - भक्ति**

Glaube, Liebe, Hingabe. Von BHAJ - dienen, ehren (aber auch vertrauen und lieben).

**BHAKTI-YOGA - भक्ति योग**

Disziplin, erreicht durch HINGABE, VERTRAUEN und LIEBE. YOGA bedeutet "EINS werden mit der EIGENEN GOTTHEIT in dir". YOGA von YUJ - vereinen.

**BHAUMIKA-MANVANTARA - भौमिक मन्वन्तर**

Irdische oder planetarisch MANIFESTIERTE EXISTENZ. Von BHÛMI - Erde und MANVANTARA[22] - Periode kosmischer AKTIVITÄT.

**BHAUMIKA-PRALAYA - भौमिक प्रलय**

PRALAYA - Auflösung. BHAUMIKA-PRALAYA ist irdische oder planetarische (Ketten) Auflösung.

**BHÂVA - भाव**

Von BHÛ - werden. BHÂVA ist das, was REINKARNATION verursacht, und das ist KARMA bzw. das KARMISCHE ELEMENT.

---

22 Weitere Informationen unter "MANVANTARA".

BHIKSHU - भिक्षु

Einer, der JEGLICHES Verlangen und ILLUSION abgelegt hat und sein Leben NUR den SPIRITUELLEN DINGEN widmet. Von BHIKSCH - wünschen, teilen, teilhaben, betteln. Ein spiritueller Mann ist ein BHIKSHU, eine spirituelle Frau eine BHIKSHUṆÎ.

BHÛMI - भूमि

BHÛMI bedeutet ERDE.

BHÛR-LOKA - भूर्लोक

7. KOSMISCHE SPIRITUELLE EBENE (von oben). Das MATERIELLE Gegenstück ist BHÛR-TALA (siehe LOKA und TALA). Hindûs nennen die LOKAS manchmal "Himmel" und die TALAS "Hölle". Es gibt SIEBEN Lokas und SIEBEN Talas[23]. BHÛR-LOKA ist der Wohnort jener menschlichen Wesenheiten, welche andere nicht absichtlich verletzen, jedoch nicht unbedingt spirituell erwacht sind. Deshalb leben sie (noch) auf der NIEDERSTEN oder SIEBENTEN Spirituellen Ebene, welche BHÛR-LOKA ist. KOSMISCH ist BHÛR-LOKA die Sphäre aller VIERTEN GLOBEN jeder beliebigen Kette. In unserem Falle ist BHÛR-LOKA die "ERD-SPHÄRE".

BHÛTA - भूत

Ein "Spuk" oder der "einst im Körper Gewesene". Nach dem Tode erwachen wir auf der Astralebene in unserem ÄTHER-ASTRALKÖRPER. Unser GEIST kann nur höher steigen, wenn er den ASTRALKÖRPER oder seine Gefühle und Emotionen loswerden kann. Er wird dann gefühlsfrei, nicht gefühllos. Man löse das Rätsel. Doch viele Menschen sterben mit einem ASTRALKÖRPER VOLLER extremer Leidenschaften und mit extremem Lebensdurst. **Dann** wartet[24] der GEIST nicht, bis sich der Astralkörper vollständig gelöst hat, sondern STEIGT AUF, indem er sich selbst von dem noch nicht voll gereinigten oder aufgelösten ASTRAL "abreisst", so eine ASTRALE SCHALE[25] zurücklassend. Diese ASTRALE HÜLLE wird BHÛTA genannt. Diese BHÛTA wird

23 Siehe Gedicht "SIEBEN BRÜCKEN".

24 Besser: KANN NICHT WARTEN.

25 Wenn der Geist wieder reinkarniert, wird er wieder mit dieser ASTRALEN HÜLLE konfrontiert sein…

auch oft KÂMA-RÛPA (Verlangenskörper) genannt. Verlasse die BHÛTA, damit du kein KARMA verursachst für dich oder andere. Diese Trennung auf der ASTRALEBENE zwischen GEIST und dem ASTRAL wird auch "ZWEITER TOD" genannt. BHÛ - sein, in diesem Fall "gewesen sein", denn BHÛTA oder die ASTRALHÜLLE "wurde vom GEIST bewohnt", doch jetzt nicht mehr.

BHÛTÂTMAN - भूतआत्मन् oder भूतात्मन्

BHÛTÂTMAN ist das reinkarnierende Ego oder die Individualität, auch "das Selbst, das gewesen ist", genannt. Ist was gewesen? Ist mit dem HÖHEREN SELBST verbunden gewesen. Der Bereich des BHÛTÂTMAN Bewusstseins ist die ERDPLANETENKETTE. OM.

BHUVAR-LOKA - भुवर् लोक

SECHSTE SPIRITUELLE KOSMISCHE SPHÄRE[26] (von unten). BHUVAR-LOKA dehnt sich bis zur SONNE aus und wird von niederen NATURGEISTERN bewohnt. Selbstlose, unpersönliche Menschen erwachen nach dem Tode auf dieser Ebene. SELBSTSÜCHTIGE und UNFREUNDLICHE Menschen aber erwachen in MAHÂTALA. BHUVAR-LOKA ist voller ASTRALLICHT und wird auch "die Welt des Entstehens" genannt.

BÎJA - बीज

Ein Lebenskeim, ein Samen. Ein BÎJA ist die Quelle aller Wesenheiten der Königreiche der Natur. Ein AVATÂRA ist zum Beispiel aus dem MITFÜHLENDEN Samen oder Impuls oder BÎJA eines jener DHYÂN CHOHANS heraus geboren, die das spirituelle Wohlergehen der Menschheit führen und bewachen. Ein AVATÂRA ist also ein EINMAL inkarnierender DHYÂN-CHOHANISCHER Impuls des Mitgefühls. OM. Ein Eingeweihter MUSS ein DWÎJA oder ZWEIMAL Geborener sein, von dem GÖTTLICHEN BÎJA in uns.

BODHA - बोध

Von Budh - erleuchten, erwecken. Es ist das Vermögen, SPIRITUELLE Dinge wahrzunehmen.

---

26 Der physische Teil wäre: MAHÂTALA.

BODHI - बोधि

Von BUDH - erleuchten, erwecken. Budh ist ERLEUCHTUNG und VOLLKOMMENE WEISHEIT. Buddha erreichte Erleuchtung unter dem BODHIBAUM, was mystisch diese Quelle der Weisheit bedeutet, die erreicht werden kann, wenn wir über die GÖTTLICHKEIT IN UNS meditieren.

BODHI-DHARMA - बोधिधर्म

SPIRITUELLE Gesetze und Wahrheiten, älter als die Menschheit. THEOSOPHIE ist BODHI-DHARMA. BODHI-DHARMA ist die QUELLE aller großen RELIGIONEN und PHILOSOPHIEN DER WELT. BODHI-DHARMA ist *DAS BUCH DES LICHTS.*

BODHISATTVA - बोधिसत्त्व

Wenn Ihr SATTVA oder die reine Essenz eine PERFEKTE INKARNATION der Weisheit oder von BODHI geworden ist, **dann** ist dieser Teil ein BODHISATTVA und kann UNABHÄNGIG von anderen Teilen funktionieren. Ein BODHISATTVA ist jemand, der seinen BUDDHI TEIL vollständig erkannt hat und deshalb keinen Himmel braucht, denn es ist **nicht** BUDDHI, was den Himmel erfährt, sondern MANAS oder das DENKEN. Doch die wirklich wahre Bedeutung eines BODHISATTVA wird dem enthüllt, der *DAS BUCH DES LICHTS* **lebt** und der sich meditativ sogar vom Denken löst. OM.

BRAHMA - ब्रह्म

BRAHMA oder BRAHMAN ist das HÖHERE SELBST des UNIVERSUMS, während BRAHMÂ das HÖHERE SELBST unseres SOLARSYSTEMS ist.

BRAHMÂ - ब्रह्मा

HIERARCH oder SELBST eines SONNENSYSTEMS, auch "EI von BRAHMÂ" genannt. Von BṚIḤ - expandieren. BRAHMÂ EXPANDIERT von dem EINEN zu den VIELEN.

BRAHMÂS TAG

4.320.000.000 Jahre oder SIEBEN PLANETARISCHE RUNDEN. Danach: PRALAYA für denselben Zeitraum.

BRAHMÂS LEBEN

100 Jahre von BRAHMÂ oder 311.040.000.000.000 Jahre oder EIN MAHÂ MAHÂ MANVANTARA.

BRAHMÂS NACHT

Dieselbe Dauer wie BRAHMÂS TAG, nämlich 4.320.000.000 Jahre.

BRAHMÂS WOCHE

Eine Woche von BRAHMÂ entspricht 7 x 4.320.000.000 Jahren oder EINEM SOLAR MANVANTARA, nach dem die Sonne eines SONNENSYSTEMS "stirbt".

BRAHMÂS JAHR

360 x 4.320.000.000 irdische Jahre ergeben EIN JAHR VON BRAHMÂ.

BRAHMACHÂRIN - ब्रह्मचारिन्

Einer, der sein Leben der Weisheit und dem Lernen widmet. BRAHMÂ - kosmische Gottheit, göttliche Weisheit, von CHAR - mitgehen, ausführen.

BRAHMAIVEDAM SARVAM - ब्रह्मैवेदम् सर्वम्

"Fürwahr, das gesamte UNIVERSUM ist BRAHMAN". BRAHMAN - das UNIVERSELLE SELBST. EVA - wahrlich, IDAM - dieses oder DAS MANIFESTIERTE UNIVERSUM; SARVAM - alles.

BRAHMAN - ब्रह्मन्

Die herrschende, führende und beschützende SPIRITUELLE MACHT dieses UNIVERSUMS (fast endlos viele BRAHMÂS oder Solarsysteme enthaltend). BRAHMAN ist neutral, BRAHMÂ nicht. OM. Wir alle kommen, nachdem wir den Urgrund verlassen haben von bzw. durch BRAHMAN, und wir gehen alle zu BRAHMAN und dann zurück in den Urgrund.

BRÂHMAṆA - ब्राह्मण

Eine der vier Kasten des alten INDIEN. Priester-Philosophen. Nur durch SELBST-EROBERUNG kannst du ein BRÂHMAṆA WERDEN, doch dies ist heute degeneriert und man kann ein BRÂHMAṆA **sein** einfach durch Herkunft bzw. Erbe.

## BRAHMÂṆḌA - ब्रह्माण्ड

Von BRAHMÂ und AṆḌA - Ei. Das UNIVERSUM und das SONNENSYSTEM ist ein SIEBENDIMENSIONALES EI.

## BRÂHMANISMUS

BRÂHMANISMUS kommt **nicht** von INDIEN. Es wurde zusammen mit den VEDEN und SANSKRIT[27] importiert. BRÂHMANISMUS ist so alt wie BRAHMAN oder vielmehr so alt wie diejenigen, denen zuerst von den DEVA-ENGELN gelehrt wurde, dass es eine SICH AUSDEHNENDE, ERHALTENDE und SICH ZUSAMMENZIEHENDE SPIRITUELLE KRAFT gibt, durch die wir, den Urgrund verlassend, emanierten und in welche wir zurückkehren werden. OM.
BRÂHMANISMUS ist so alt wie die VEDEN, und die VEDEN sind sehr alt (Millionen von Jahre). Nur eines ist älter als die VEDEN und sogar älter als dieses UNIVERSUM, und das ist die WEISHEIT und das WISSEN, enthüllt im *BUCH DES LICHTS*.

## BRAHMAPURA - ब्रह्मपुर

Alles, sogar BRAHMAN, hat einen WOHNSITZ, wo er/es lebt. Der Wohnsitz oder PURA von BRAHMAN ist BRAHMAPURA. Noch etwas anderes befindet sich in BRAHMAPURA: KUṆḌALINÎ. BRAHMAPURA wird auch "DIE FEUERSTELLE DES HERZENS" genannt.

## BRAHMÂŚRAMA - ब्रह्माश्रम

Eine abgelegene Unterkunft für Asketen und Weise. Von ÂŚRAM - beraten oder konsultieren im Privaten, mit dem Selbst in dir kommunizieren. Eine EINWEIHUNGSKAMMER wäre ein BRAHMÂŚRAMA.

## BRAHMA-VIDYÂ - ब्रह्मविद्या

BRAHMA-VIDYÂ ist GÖTTLICHE WEISHEIT, GÖTTLICHES WISSEN. BRAHMA-VIDYÂ ist *DAS BUCH DES LICHTS*, welches nach NIRVÂṆA führt.

---

27 Wenigstens nicht vom geologischen und rassistischen INDIEN, sondern vom ARCHAISCHEN INDIEN, als die GROSSE GOBIWÜSTE noch ein MEER war.

BRAHMA-YOGA - ब्रह्मयोग

Oder: Göttliche Einheit, das Äquivalent zu CHAKRA-YOGA und entgegengesetzt zu HATHA-YOGA. BRAHMA-YOGA ist oder resultiert in vollständiger DISZIPLIN und KONTROLLE über KÖRPER, SEELE und GEIST ebenso wie das VERHALTENSGESETZ in **dieser** und der **nächsten** Welt (und natürlich auch und besonders in der Welt nach dem "Tod"). CHELAS werden in BRAHMA-YOGA ausgebildet in Mysterienschulen. Von BRAHMA - Gottheit und YOGA - von YUI - vereinen. YOGA ist eine Methode, spirituelle ERLEUCHTUNG zu trainieren.

BṚIHASPATI - बृहस्पति

♃ - Jupiter. Einer der Sieben Heiligen Planeten der Uralten[28]. Doch die HEILIGEN PLANETEN sind **nicht** die PHYSISCHEN GLOBEN.

BUDDHA - बुद्ध

BUDDHA bedeutet "der Erleuchtete", von BUDH - wissen, erleuchten. BUDDHA hat die HÖCHSTE STUFE SPIRITUELLER ERLEUCHTUNG erreicht. Sein Name war GAUTAMA, was "der HÖCHSTE auf ERDEN" bedeutet (gou - Erde, TAMA - Superlativpräfix). Man nannte ihn auch SIDDHÂRTA, was "einer, der seinen Zweck erreicht hat" bedeutet. Doch die volle OKKULTE WAHRHEIT über BUDDHA kann nur tief im *BUCH DES LICHTS* gefunden werden. Es gibt einen Unterschied zwischen Gautama Buddha und der abstrakten Gottheit, der er entsprang.

BUDDHA DER BARMHERZIGKEIT

Ein BUDDHA DER BARMHERZIGKEIT entsagt NIRVÂṆA und folgt dem Ruf der Barmherzigkeit, was bedeutet, dass er NIRVÂṆA nicht betreten möchte, ehe er soviel wie möglich für andere tun konnte. Ein BUDDHA DER BARMHERZIGKEIT ist von derselben Natur wie "der STILLE BEOBACHTER". OM.

BUDDHAM ŚARAṆAM GACHCHÂMI - बुद्धं शरणं गच्छामि

Ich gehe zum Buddha als meine ZUFLUCHT.

---

28 Die anderen sechs Planeten: SATURN, MARS, SONNE (Ersatz für anderen heiligen Planeten), VENUS, MOND (Ersatz für anderen heiligen Planeten) und MERKUR.

### BUDDHI - बुद्धि

Deine SPIRITUELLE SEELE ist BUDDHI. Oder: BUDDHI ist das VEHIKEL von ÂTMA, dem Kanal, durch welchen ÂTMA GÖTTLICHE INSPIRATIONEN an MANAS oder das DENKEN schickt. Doch das DENKEN muss "verheiratet" sein mit Buddhi bzw. sich nach oben bewegen zu BUDDHI, um UNSTERBLICH im NIRVÂṆISCHEN BEWUSSTSEIN zu werden, damit ist die LOSLÖSUNG vom Bewusstsein gemeint. Wenn dein BUDDHI erwacht, erreichst du die Qualität der BARMHERZIGKEIT, BEDINGUNGSLOSER LIEBE, OHNE DISKRIMINIERUNG und MIT INTUITION UND SPIRITUELLER VISION.
Aber jetzt kommt's: Wer NIRVÂṆA erlangen will, der löst sich in der Seelenatem Meditation VON ALLEDEM, auch und vor allem vom Denken. Dann kann er nach Belieben auf allen Ebenen - selbst im Sterblichen - Todlosigkeit erlangen, das heißt, die Form nach Belieben und Notwendigkeit verlassen und sich eine neue Form erschaffen, überall in der sichtbaren und unsichtbaren Welt. Wer es zu fassen vermag, der fasse es. OM.

### BUDDHISMUS

Buddhismus ist auch ein philosophisches System, gelehrt von GAUTAMA BUDDHA. Von BUDH - erleuchten. Wahrer BUDDHISMUS ist BUDHIMUS (mit einem "D").

### BUDHA - बुध

☿ Der Planet MERKUR und ebenfalls ein WEISER MANN.

### BUDHISMUS - (mit EINEM "D")

BUDHISMUS ist die **Quelle** des BUDDHISMUS, denn BUDHISMUS schließt BUDDHISMUS und jede andere philosophische oder religiöse Lehre ein. BUDHISMUS ist THEOSOPHIE oder WEISHEIT, demzufolge ist der BUDDHA ein weiser Mann.

### CHAITANYA - चैतन्य

Von CHIT - verstehen, denken. CHAITANYA ist BEWUSSTSEIN, INTELLIGENZ. Jedoch KOSMISCHE INTELLIGENZ ist gemeint als QUELLE und URSACHE für die Intellligenz und das Bewusstsein des Menschen.

CHANDRA - चन्द्रा
Auch SOMA - der MOND.

CHATUR - चतुर्
Vier.

CHELA - चेल
DIENER. Auch CHEṬA oder CHEḌA. Doch ein CHELA bedeutet auch Schüler eines GURU oder großen Lehrers. Nur diejenigen, die selbstlos (im Sinne von "frei von anattā") sind, großzügig im Herzen und Denken, tapfer, treu, rein im Denken und im Körper, die also spirituelle Dinge lieben und UNIVERSELLE GESETZE und ihre Werke akzeptieren, können ein anerkannter CHELA eines MEISTERS DER WEISHEIT werden.

CHHÂYÂ - छाया
Menschliche Astralform der ersten Rasse, um welche der Körper der zweiten Rasse zu einem physischen Körper kondensierte. Die erste Rasse wurde auch CHHÂYÂ-RASSE oder "SCHATTENRASSE" genannt, denn CHHÂYÂ bedeutet "SCHATTEN", welcher LINGA-ŚARÎRA ist.

CHIDAGNIKUṆḌA - चिदग्निकुण्ड
In CHIDAGNIKUṆḌA verschwindet Personalität vollständig, und wir realisieren Universalität. Ein MAHÂTMAN oder ein GROSSES SELBST, das sich seines INNERSTEN SEINS bewusst ist und sich auch von diesem Bewusstsein löst, so jemand ist sich auch seines "FEUERHERDES" des CHIT oder reinen Bewusstseins und Denkens bewusst. Warum? Weil auch dein Bewusstsein ANATTA ist. Du bist nicht dein Bewusstsein, du hast nur eins. Und dieser "FEUERHERD" wird AGNI-KUṆḌA genannt.

CHIT - चित्
Bewusstsein, Intelligenz und reine Gedanken. Er, der die Sieben Juwelen der Weisheit meistert, erblickt CHIT oder reines Denken auf den höheren Ebenen.

CHOHAN
Auch das tibetanische Wort für HERR. Ein Erbauer der materiellen Sphären. Siehe DHYÂNI-CHOHAN.

DAIVA - Adjektiv zu div - scheinen, glänzen. DAIVA ist GÖTTLICH.

DAIVÎ PRAKṚITI

Die erste Emanation von MAHAT oder universellen Denkens, auch GÖTTLICHE NATUR oder URMATERIE genannt. Die Kerne der Universen und Sonnensysteme und Planeten werden aus dieser URSPRÜNGLICHEN LEUCHTENDEN SUBSTANZ DER NATUR, DAIVÎ PRAKṚITI, gebildet. Physische Manifestationen dieser DAIVÎ PRAKṚITI sind auch "SYSTEME DER WELTEN IM ENTSTEHEN". DAIVÎ PRAKṚITI kann auch "DIE SEELE DER SONNEN, MONDE, PLANETEN und sogar unserer ERDE"[29] genannt werden.

DAKSHIṆÂCHÂRA - दक्षिणाचार

RECHTE HAND LEHRE der TANTRAS[30], einschließlich RIGHT-DAKSHIṆA (rechtes Verhalten). ÂCHÂRA von ÂCHAR - verhalten, üben. DAKSHIṆÂCHÂRA - rechtes Verhalten, basierend auf der Lehre.

DÂNA - दान

Von DÂ - geben. Wohltätigkeit jeder Art, sei es materiell oder spirituell, natürlich einschließlich LIEBE und MITGEFÜHL. Diejenigen, die sich selbst VÖLLIG der Welt und anderen geben, anstatt NIRVÂṆA zu betreten, haben die Tugend von DÂNA erreicht, wobei man darüber geteilter Meinung sein kann.

DEVA - देव

Von DIV - leuchten. Fast JEDES SPIRITUELLE SEIN, von der schlummernden MONADE eines Steines bis zum SELBSTBEWUSSTEN, SELBSTVERWIRKLICHTEN GOTTESFUNKEN eines BUDDHA oder eines Meisters, kann ein DEVA genannt werden, doch DEVA ist GEIST minus physischer Körper, obwohl es DEVAENGEL gibt, die von Zeit zu Zeit materialisieren. DEVA ist ein LEUCHTENDES.

DEVACHAN - देवचन्

"Schlaraffenland", denn es ist eine - wenn auch glückselige - MENTALE ILLUSION, erfahren von unserem Denken nach dem Tod. Gute Menschen haben gute Taten und Ursachen "gesät" und ernten gute Resultate im HIMMEL. Doch eine wirklich befreite Person oder Individualität braucht solche "Belohnungen" nicht. Er oder sie kehrt nach dem Tod schnell in die NÄCHSTE

---

29 GEHEIMLEHRE I, Blavatsky, S. 602

30 TANTRA IST EIN Ritual (siehe Tantra).

und NEUE Inkarnation zurück, so die Arbeit für die Hierarchie des Mitgefühls fortführend. OM. DEVACHAN könnte auch ein glückliches Traumland genannt werden. Böse Menschen jedoch haben kein DEVACHAN, sondern leiden an ihrem EIGENEN Verlangen in KÂMA-LOKA. Täter werden dort zu Opfern.

### DEVANÂGARÎ - देवनागरी

Von DEVA - GOTT und NÂGARÎ - Stadt. HEILIGE - STADT - SCHRIFT. Ein TEMPEL ist ein HEILIGER ORT. Also bedeutet DEVANÂGARÎ im Wesentlichen eine natürliche ursprüngliche Sprache, erarbeitet und verbessert von EINGEWEIHTEN in uralten TEMPELN DER WEISHEIT. Es war notwendig, DEVANÂGARÎ zu entwickeln, weil eine "normale" Sprache und SCHRIFT oder ein solches Alphabet **nicht** das richtige Werkzeug war, die WAHRE NATUR der mystischen GOTTESLEHREN zu erklären und AUSZUDRÜCKEN. Die ENGEL lehrten der Menschheit vor Millionen von Jahren die GEHEIMNISSE des Universums, und sie gaben ihnen auch das Werkzeug, diese geheime Weisheit in WORTEN auszudrücken. Die SCHRIFT war DEVANÂGARÎ und die Sprache SANSKRIT.

### DEVA-PARVATA - देव पर्वत

Esoterisch der NORDPOL. Denn es war der Nordpol, der auf Erden ZUERST erschien als "Land über den Wassern" wie ein "heiliger Berg" oder DEVA-PARVATA. Er wird auch "Berg von SUMERU" genannt. Doch SUMERU bedeutet auch mehr (siehe SUMERU). PARVATA - Berg (von PARVAN - knorrig, rau) und DEVA - göttlich.

### DHANUS

Konstellation des Tierkreises. Der Schütze.

### DHÂRAṆÂ - धारणा

Wenn du deine Achtsamkeit - mit Herz und Denken absolut frei von JEGLICHEN Störungen - auf einen Gegenstand des Denkens oder sogar noch tiefer auf NICHTS (in der SEELENATEM MEDITATION) richtest, DANN kommt DHÂRAṆÂ. Von DHṚI - die Aufmerksamkeit richten, pflegen, sich lösen.

### DHARMA - धर्म

WAHRHEIT. Die Essenz von WISSENSCHAFT, PHILOSOPHIE und RELIGION. Die Essenz ist das EINE WISSEN, welches sich später zur RELIGION veränderte. DHARMA ist DAS GESETZ per se, jetzt enthüllt im *BUCH DES LICHTS.*

Du möchtest DHARMA leben? Dann **lebe** Gerechtigkeit, Harmonie, Fairness und Tugend. Von DHṚI - pflegen, erhalten und DHÂRMIKA - gerecht. Weil DAS GESETZ auch eine PFLICHT ist, bedeutet DHARMA auch "Pflicht".

### DHARMAKÂYA - धर्मकाय

KÂYA ist KÖRPER und DHARMA ist GESETZ, also ist DHARMAKÂYA das HÖCHSTE GEWAND von jemandem, der ein NIRVÂṆEE ist oder von jemandem, der NIRVÂṆA erreicht hat. Alles braucht ein Vehikel, DHARMAKÂYA ist das Vehikel des NIRVÂṆEE. DHARMAKÂYA besteht aus SPIRITUELLER SUBSTANZ, die man aber in Nirvāṇa ablegt.

### DĤARMA ŚÂSTRA - धार्म शास्त्र

Ein allgemeiner Name für ALLE HEILIGEN SCHRIFTEN IN INDIEN. DHARMA ist GESETZ. ŚÂSTRA ist Schrift. Man könnte auch DĤARMA ŚÂSTRA als GESETZ bezeichnen.

### DHÂRMIKA - धार्मिक

Gerecht.

### DHRUVA - ध्रुव

Von dhru - fest sein, fixiert. Der POLSTERN. Es gibt eine enge Verbindung zwischen den Zyklen der Wurzelrassen und dem POLSTERN.

### DHYÂNA - ध्यान

DHYÂNA ist MEDITATION.

### DHYÂN - CHOHAN - ध्यान् चोहन्

Ein Träger SPIRITUELLER WESENHEITEN vieler Klassen. Jede dieser Wesenheiten ist Herrscher seiner eigenen Abteilung in der Natur sowie der

INSPIRATOR dieser Abteilung. Von SANSKRIT DHYÂNA oder MEDITATION und dem tibetanischen Wort CHOHAN mit der Bedeutung "HERR". DHYÂN CHOHAN - Gott der MEDITATION. Doch ein DHYÂN CHOHAN ist auch ein KOSMISCHER GEIST, der einst ein Mensch war und jetzt vollkommen ist.

DHYÂNI - BODHISATTVA - ध्यानि बोधिसत्त्व

Der DHYÂNI BODHISATTVA ist die führende und herrschende spirituelle Macht über unsere Erdkette[31]. Ein SICHTBARER GLOBUS, sechs UNSICHTBARE GLOBEN. Ein DHYÂNI BODHISATTVA herrscht 4.320.000.000 Jahre oder SIEBEN RUNDEN.

DHYÂNI - BUDDHA - ध्यानिबुद्ध

Der DHYÂNI - BUDDHA kontrolliert die RUNDEN oder großen Lebenszyklen dieses Planeten ERDE.

DHYÂNI - CHOHAN - ध्यानिचोहन्

Die korrektere Form für DHYÂN CHOHAN. Ein DHYÂNI-CHOHAN ist ein Erbauer materieller Sphären (unserer Erde sogar in ihrer FRÜHESTEN ätherischsten Struktur).

DIKSHÂ - दिक्षा

Spirituelle EINWEIHUNG oder Widmung. Von DIKSH - widmen.

DVIJA - द्विज

DVIJA bedeutet ZWEIMAL GEBOREN. Nach der Einweihung bist du zweimal geboren. Heute nennt sich (leider) jeder BRÂHMIN DWIJA.

DWAITA - द्वैत

Der **zweite** Teil der VEDÂNTA Philosophie[32]. DWAITA lehrt, dass ÂTMAN (menschliches höheres Selbst) und BRAHMAN (universelles Selbst) für immer getrennt sind[33], deshalb dual und DWAITA, was DUALITÄT bedeutet.

31 Für jeden der Globen ein DHYÂNI BODHISATTVA.

32 Quintessenz der UPANISHADS.

33 Was nicht der Fall ist.

DWÂPARA - YUGA - द्वापरयुग

EINS der vier YUGAS oder der evolutionären Perioden, durch die jede der SIEBEN WURZELRASSEN gehen muss. Zwei Teile oder EINE HÄLFTE der Wahrheit. Deshalb bedeutet DWÂPARA: ZWEIFACH. Dauer: 864.000 Jahre. Im DWÂPARA[34] erfahren wir ein ANSTEIGEN der DUNKELHEIT (materieller Dunkelheit) und ein ABNEHMEN SPIRITUELLER KRÄFTE.

DZYAN

DZYAN ist ein tibetanisches Wort und bedeutet "SPIRITUELLE MEDITATION". Das *BUCH VON DZYAN,* Zweigschrift des *BUCHES DES LICHTS,* enthält okkulte Serien von Werken, auch KIU-TI genannt. Die KIU-TI sind verborgen und bewacht in SHI-GAT-SE. Das *BUCH VON DZYAN* enthält die uralten Lehren über den Ursprung und die Bildung von Welten und Rassen.

FOHAT

Tibetanisch. Bedeutet: Kosmisches Leben oder kosmische Vitalität. Dasselbe wie das SANSKRIT Wort DAIVÎ PRAKṚITI. FOHAT ist auch BUDDHA-Leben, denn FOHAT bildet (dem Denken der SIEBEN STRAHLEN folgend[35]) das Universum. Fohat ist also die ESSENZ KOSMISCHER ELEKTRIZITÄT.

GANDHA - गन्ध

GERUCH. GANDHA ist ein TANMÂTRA oder RUDIMENTÄRES ELEMENT. Deshalb gibt es FÜNF TANMÂTRAS. GANDHA gebiert die ERDE oder GERUCH gebiert die ERDE (und nicht anders herum). Du musst tief graben, um DAS zu verstehen...

GAUTAMA - गौतम

BUDDHA war "der GRÖSSTE AUF ERDEN" oder auch "der HÖCHSTE AUF ERDEN", was in SANSKRIT der Bedeutung des Namens BUDDHA entspricht. Deshalb nannte man BUDDHA "GAUTAMA, DER BUDDHA" (643 vor Chr. - 543 nach Chr.). GAU - auf Erden, TAMA - HÖCHSTER.

---

34 Die FÜNFTE Wurzelrasse ist am Beginn ihres KALI-YUGA und die SECHSTE Wurzelrasse am Beginn ihres SATYA-YUGA. Daher der auf Unwissenheit beruhende Streit selbst unter Gelehrten, ob wir nun im Kali Yuga oder Satya Yuga sind.

35 Welches GÖTTLICHE INTELLIGENZ ist.

GÂYATRI - गायत्रि

Eine metrische Hymne auf das RIG - VEDA , die ESSENZ der RELIGION und GÖTTLICHEN LEBENS enthaltend. Von GAI - singen oder in einem Lied preisen.

GOTRABHÛJÑÂNA - गोत्रभूज्ञान

GOTRA - Rasse, BHÛ - ERDE, JÑÂNA - Wissen (oder Weisheit). GOTRABHÛ-JÑÂNA ist WISSEN, die RASSEN auf der ERDE betreffend. GOTRABHÛ-JÑÂNA ist auch "Wissen über die menschliche Art". *DAS BUCH DES LICHTS* ist höchstes GOTRABHÛJÑÂNA.

GUHYA - VIDYÂ - गुह्यविद्या

Von VIDYÂ - WEISHEIT und GUHYA - verborgen. Das Wissen und die Wissenschaft über das mystische Potenzial von KLÄNGEN und BUCHSTABEN eines GESANGS oder einer MANTRA (auch mystische BESCHWÖRUNG).

GUṆA - गुण

Merkmal, Eigenschaft. Die gesamte MATERIE (sichtbar und unsichtbar) enthält Merkmale oder GUṆAS wie WAHRHEIT, LEIDENSCHAFT, DUNKELHEIT usw. Jedes der GUṆAS hat seine gute und seine böse Seite.

GUṆA - FORM

Die Form des Merkmals eines SUBSTANTIVS. Zum Beispiel:
FEURIG wäre die GUṆA - FORM von FEUER

↓ TEJ ↓ TEJAS

GUPTA - VIDYÂ - गुप्त विद्या

*DAS BUCH DES LICHTS* ist GUPTA - VIDYÂ oder ESOTERISCHE WEISHEIT der Zeitalter oder die QUELLE[36] JEGLICHER WAHRHEIT, die der Menschheit bekannt ist. GUPTA - verborgen (von GUP - verstecken), VIDYÂ - Weisheit (von VID - kennen, wissen).

36 Die wiedererweckte Quelle.

GURU - गुरु

SPIRITUELLER LEHRER oder SPIRITUELLER URHEBER. Doch auch das EIGENE HÖHERE SELBST. Etwas, das ERHEBEND ist oder "erhebt". Von GUR - erheben. Lasse den ÄUSSEREN GURU den INNEREN GURU erwecken. Möge *DAS BUCH DES LICHTS* dein WAHRER GURU sein.

GURUDEVA - गुरुदेव

Ein spiritueller Führer wird von seinem Schüler in tiefer Verehrung GURUDEVA oder "GÖTTLICHER LEHRER" genannt.

GURUPARAMPARÂ - गुरुपरम्परा

GURU-LEHRER, PARAMPARÂ - einer, der dem anderen folgt. GURUPARAMPARÂ ist eine UNUNTERBROCHENE FOLGE spiritueller Lehrer, bei der einer dem anderen folgt. Doch GURUPARAMPARÂ bedeutet auch: Der HIEROPHANT oder SPIRITUELLE FÜHRER, der die HEILIGE WAHRHEIT[37] (und das VERTRAUEN) weitergibt an einen anderen WÜRDIGEN. GURUPARAMPARÂ schließt nicht nur menschliche, sondern auch göttliche Herrscher und Führer dieses und jedes anderen UNIVERSUMS ein.

HANSA - VÂHANA - हंस वाहन

Der "Becher des Schwans". HANSA bedeutet "Ich bin er" oder auch A HAMSA. HANSA oder HAṂSA ist UNIVERSELLES GEHEIMNIS, denn das HÖCHSTE ist tatsächlich UNENTHÜLLTE GÖTTLICHE WEISHEIT. HANSA ist auch die IDENTITÄT unseres SONNENSYSTEMS mit der Essenz von BRAHMAN, höchstes Prinzip des GALAKTISCHEN UNIVERSUMS. VÂHANA ist der Träger dieser IDENTITÄT mit BRAHMAN und unserem SONNENSYSTEM und allem darin, daher ist VÂHANA BRAHMAN SELBST. Also ist HANSA - VÂHANA BRAHMAN (neutrum).

HANUMÂN - हनुमान्

AFFENKÖNIG, der RÂMA in seinem Kampf mit dem DÄMONEN RÂVAṆA geholfen hat. In Wahrheit ist diese Geschichte ein VERSTECKTER SYMBO-

---

37 Wie ER es von einem HIEROPHANT zuvor erhalten hat.

LISCHER HINWEIS auf eine WIRKLICHE Konfrontation der Rasse der Affen und später auch der AFFENRASSE[38] und der ATLANTER.

### HAṬHA - YOGA - हठ योग

Schwarze Magie, denn es werden nur die NIEDEREN psychischen Kräfte oder KÂMA-MÂNAS beim Menschen entwickelt. Wenn nicht kombiniert mit der Zähmung des "TIERES in dir" führt HAṬHA - YOGA zu Schizophrenie und schlimmeren Dingen.

### HÎNAYÂNA - हीनयान

Eine der zwei Schulen BUDDHISTISCHER Religion und Philosophie. Das HÎNAYÂNA[39] lehrt das Erreichen der Befreiung für das SELBST, was bedeutet, andere nicht zu verletzen, doch sich auch nicht um sie zu kümmern. Das IST ein Weg, NIRVÂṆA zu erreichen, doch in einem anderen Manvantara wird dem HÎNAYÂNA-Menschen gelehrt werden, BARMHERZIGKEIT zu zeigen und zu empfinden. HÎNAYÂNA[40] ist die "AUGEN-LEHRE" und von INTELLEKTUELLERER Natur und das ältere der zwei Systeme der BUDDHISTISCHEN Religion, von denen das andere etwas arrogant das GROSSE VEHIKEL oder MAHÂYÂNA[41] oder "die HERZLEHRE" genannt wird.

### HINDÛ - हिन्दू

Alle populären Religionen Indiens werden unter dem Namen HINDÛISMUS klassifiziert. Früh migrierende Ârier siedelten um den Fluss SINDHU[42]. Ihre persischen Brüder nannten diese Ârier HINDHUS, und das Land, in welchem diese frühen Ârier sich verbreiteten,

### HINDÛSTHÂN - हिन्दूस्थन्

STHÂNA oder "Wohnsitz" der HINDÛS.

---

38 Und die Tatsache, dass AFFEN vor Millionen von Jahren ihre eigene Kultur und Sprache hatten. Des Weiteren: *DAS BUCH DES LICHTS* lehrt: Der Affe stammt vom MENSCHEN ab und nicht ungekehrt, wie Darwin glaubte.

39 Für die Masse.

40 Oder das KLEINE VEHIKEL.

41 Für die AUSERWÄHLTEN.

42 Von den Persern HINDHU genannt.

HIRAṆYA - हिरण्य
HIRAṆYA bedeutet GOLDEN.

HIRAṆYAGARBHA - हिरण्यगर्भ
Um ALLES, sei es ein ATOM oder das UNIVERSUM, befindet sich ein AURISCHES EI. Seine Farbe ist GOLDEN, deshalb wird es GOLDENER Schoß oder HIRAṆYAGARBHA genannt, was auch GOLDENES EI oder AURISCHES EI bedeutet oder DAS EI DER UNVERGÄNGLICHEN MATERIE MŪLAPRAKRITI. Wie bereits erwähnt, sei es ein UNIVERSUM, ein SONNENSYSTEM, ein PLANET, ein GOTT, ein MENSCHLICHES WESEN oder nur ein ATOM, alles ist umgeben von einem AURISCHEN EI oder einer eiförmigen Aura oder HIRAṆYAGARBHA oder GOLDENEM Schoß. Doch mit GOLD ist hier nicht unbedingt eine Farbe gemeint, sondern das "GOLDENE LICHT GÖTTLICHEN WISSENS". HIRAṆYAGARBHA ist DAS ERSTE PRINZIP, die ABSTRAKTE URSACHE aller Eier und oralen Strukturen, der GOLDENE Schoß, der das Licht der ewigen Wahrheit enthält, welches die befreite Seele erleuchtet, wenn sie erst einmal das HÖCHSTE erreicht hat, d.h., sich vom Verlangen nach vergänglichen Strukturen gelöst hat. DAS GOLDENE AURISCHE EI oder HIRAṆYAGARBHA besteht sogar während PRALAYA, jedoch in einer anderen und abstrakten Form oder Aspekt, während es im Laufe des MANVANTARA "**wirklicher**" ist. Darum sind alle Wesen Ei-geboren.

HPHO - WA
Das ist die Macht, einen ILLUSIONÄREN KÖRPER **jeder** Form zu projizieren, in welchem der EINGEWEIHTE zu jeder Zeit und an jedem Ort erscheinen kann. In diesem illusionären Körper kann der EINGEWEIHTE DENKER sogar weit entfernte SONNENSYSTEME besuchen.

HUM - हुं
Das TIBETANISCHE Äquivalent zu OM. Zwei Wörter für dieselbe Sache.

IDAM - इदम्
"DIESES". Eine vedische Art, das manifestierte UNIVERSUM auszudrücken.

IDDHI - इद्धि
Das PÂLI Wort für SANSKRIT "SIDDHI" (siehe SIDDHI).

ÎŚVARA - ईश्वर

Der Gipfel SPIRITUELLER MÄCHTE entweder einer HIERARCHIE, eines UNIVERSUMS, eines SONNENSYSTEMS oder eines MENSCHEN. Auch der HERR oder die Kraft des Meisters, welche diese spirituellen Kräfte VEREINT. Von ÎŚ - herrschen, Meister sein.

ITI MAYÂ ŚRUTAM - इति मया श्रुतम्

"So habe ich gehört". Die WAHRHEIT wurde vor ungefähr 18.000.000 Jahren aufs Neue von den DEVA-ENGELN an die Menschheit weitergegeben. Und eine Rasse gab es (durch ihre Lehrer) an die nächste Rasse weiter. Deshalb sagt jeder GROSSE LEHRER[43]: "So habe ich gehört" oder ITI MAYÂ ŚRUTAM.

JÂGRAT - जाग्रत्

Von JÂGṚI - erwacht sein. Wenn wir ERWACHT sind, physisch WACH, dann sind wir in EINEM der VIER Bewusstseinszustände, in JÂGRAT. Die anderen drei Zustände sind: SVAPNA, SUSHUPTI, TURÎYA.

JANAR - LOKA - जनर् लोक

Dritte spirituelle Sphäre von oben. Auch "Welt der spirituellen Geburt" genannt. JANAR - LOKA ist die Sphäre, in welcher die KUMÂRAS, AGNISHWÂTTAS und MÂNASAPUTRAS wohnen. In JANAR - LOKA wird dein HÖHERES SELBST zum vollständigen Meister der niederen Prinzipien. Das JANAR - LOKA Bewusstsein dehnt sich aus bis zu den Reichweiten unserer GALAXIE.

JARÂ - MÂRAṆA - जरा मारण

Von JARÂ - hohes Alter und MÂRAṆA - Tod. JARÂ - MÂRAṆA ist hohes Alter und Tod.

↓ ↓

JṚÎ MṚI

↓ ↓

zerfallen sterben

JÂTI - जाति

"GEBURT", von JAN - geboren werden.

43 Obwohl es keine menschlichen oder göttlichen Lehrer gibt, nur Schüler. *DAS BUCH DES LICHTS* ist Guru. OM.

**JÎVA - जीव**

Eine MONADE, ein Lebensatom. Diese LEBENSATOME sind die Ursache des SICHTBAREN ATOMS. Ihr Bewusstsein reicht vom ELEMENTALEN[44] Bewusstsein bis zu dem ALLER LEBENDEN WESENHEITEN. Doch JÎVA ist auch PRÂṆA oder LEBENSKRAFT des UNIVERSUMS. Von JÎV - leben.

**JÎVANMUKTA - जीवन्मुक्त**

Ein HOHER EINGEWEIHTER oder MAHÂTMA. JEDES lebende menschliche Wesen, das nicht mehr von seinen Sinnen oder MÂYÂ getäuscht ist. Einmal befreit von den Fesseln der Illusion und des Verlangens, erreicht dieses JÎVA bzw. die menschliche Monade MUKTI und ist dann ein JÎVANMUKTA. Von JÎVAN - lebend und MUKTA - befreit. Also ist ein JÎVANMUKTA "ein während des Lebens Befreiter".

**JÎVÂṆU - जीवाणु**

Ein LEBENSATOM oder die SEELE EINES CHEMISCHEN ATOMS. Von JÎVA - Leben und AṆU - Atom.

**JÎVATMAN - जीवात्मन्**

Von JÎVA - Monade oder Leben. ÂTMAN - das GÖTTLICHE SELBST oder EGO im Menschen. JÎVATMAN ist das SPIRITUELLE SELBST. Wir könnten auch sagen, dass das BEWUSSTSEIN des JÎVATMAN in uns (oder der BUDDHISCHEN MONADE) weiter reicht als bis zu den Grenzen unseres SONNENSYSTEMS.

**JÑÂNA - ज्ञान**

Von JÑÂ - wissen. JÑÂNA ist "Weisheit" oder "Wissen".

**JÑÂNA - DARŚANA - ŚUDDHI - ज्ञान दर्शन शुद्धि**

ALLE altertümlichen GURUS besaßen JÑÂNA-DARŚANA-ŚUDDHI, was "Perfektion, Weisheit und Wahrheit vorauszusehen" bedeutet. Von JÑÂNA - Weisheit, DARŚANA - von driś - empfangen und ŚUDDHI - Reinheit oder Perfektion.

---

44 Elementale MONADE.

JÑÂNA - YOGA - ज्ञान योग

EINHEIT durch Studieren und Verstehen.

JÑÂNEŚVARÎ - ज्ञानेश्वरी

KṚISHṆA, der AVATÂRA, beschreibt in dieser Abhandlung den Pfad und die endgültigen Errungenschaften eines VOLL ERLEUCHTETEN YOGIN. Von JÑÂNA - Wissen und ÎŚVARA - Herr.

KALA - HANSA oder KALA - HAṂSA - कलहंस

"Der Schwan in der Ewigkeit", womit BRAHMAN maskulin oder BRAHMÂ, das HÖHERE SELBST eines SONNENSYSTEMS gemeint ist. Weil das UNIVERSELLE oder KOSMISCHE EI das ERSTE ist, was erscheint (aus dem BRAHMÂ maskulin emaniert oder in welches sich das EI verwandelt), wird dieses kosmische Ereignis am "Beginn" eines jeden MANVANTARA durch einen UNSICHTBAREN MYSTISCHEN VOGEL symbolisiert[45], der ein EI in den WELTRAUM fallen lässt, welches dann BRAHMÂṆḌA, das AṆḌA oder EI von BRAHMÂ wird. KALA ist EWIGKEIT oder 311.040.000.000.000 Jahre oder EIN MAHÂMANVANTARA. HANSA oder HAṂSA ist ESOTERISCH AHAM-SA oder "ICH BIN ER".

KALI - HANSA - कलि हंस

KALI - HANSA ist BRAHMAN (neutrum) oder das HÖHERE SELBST des gesamten Universum. Während KALI - HANSA "Schwan in Ewigkeit" bedeutet, bedeutet KALI̲ - HANSA "DER SCHWARZE SCHWAN", denn die UNENTHÜLLTE GÖTTLICHE WEISHEIT von BRAHMAN (neutrum) ist DUNKELHEIT für die sich mit Anattā identifizierende MENSCHHEIT.

KALI - YUGA - कलि युग

Zeitalter der DUNKELHEIT. Begonnen mit dem Tod von KṚISHṆA um Mitternacht zwischen dem 17. und 18. Februar im Jahr 3102 v. Chr. Dauer des KALI-YUGA: 432.000 weltliche Jahre. Nur EIN Teil der WAHRHEIT herrscht vor im KALI - YUGA - wegen Materialität und Ignoranz, die während dieses Zeitalters herrscht. Die FÜNFTE WURZELRASSE ist gerade jetzt am Beginn ihres KALI - YUGA, jedoch nicht die SECHSTE WURZELRASSE. Die sechste

45 Von den uralten ÂRYA.

beginnt mit ihrem SATYA-YUGA oder dem Zeitalter der UNSCHULD. Zu welcher Rasse möchtest du gehören?

KALPA - कल्प

Von KLRĪP - in Ordnung sein. KALPA bedeutet "ein Zeitzyklus". Zum Beispiel: Ein Tag von BRAHMÂ dauert 4.320.000.000 Jahre. SIEBEN Tage von BRAHMÂ wären ein SONNEN KALPA.

KÂMA - काम

Von KAM - etwas verlangen. Doch KÂMA selbst ist ohne Eigenschaften. Es hängt davon ab, wie wir KÂMA nutzen: Nach OBEN gerichtet zum HÖHEREN MANAS (zum höheren Denken) oder nach UNTEN gerichtet, allen Arten von Versuchungen nachgebend. Doch KÂMA selbst ist FARBLOS, nur das Denken macht es zu GUT oder SCHLECHT. KÂMA ist das VIERTE PRINZIP beim Menschen, und wegen seiner Doppelfunktion (aufwärts oder abwärts) auch das PRINZIP DES GLEICHGEWICHTS[46].

KÂMA-LOKA - कामलोक

Die VERLANGENSWELT. Von KÂMA - Verlangen und LOKA - Welt. Diese VERLANGENS- oder ASTRALWELT durchdringt und UMGIBT die ERDE. Verlangen ohne Intelligenz ist die herrschende Kraft in dieser ASTRALWELT, durch die ALLE Wesenheiten nach dem Tod gehen müssen, und sie können ihr nur entkommen, NACHDEM alle (Verlangens)-Teile des ASTRALKÖRPERS aufgelöst worden sind. Mit anderen Worten: Während in KÂMA-LOKA, befreit sich das REINKARNIERENDE EGO selbst von seinem Körper niederer mentaler und psychischer Energien. Man nennt das auch "DER ZWEITE TOD". Wer sich darum noch zu Lebzeiten von soviel wie möglich Verlangen löst, es überwindet, der leidet weniger auf nachtodlichen Ebenen.

KÂMA - RÛPA - कामरूप

KÂMA - RÛPA ist ein "Spuk" oder etwas "Gewesenes". Von bhû - sein. Der INTELLEKT (höheres Denken) UND der GEIST haben sich von dieser ASTRALEN HÜLLE, KÂMA-RÛPA genannt, gelöst.

---

46 Deshalb auf dem Weg der Sonne durch den TIERKREIS mit dem Zeichen der Waage verbunden.

KANYÂ - कन्या

Tierkreiszeichen der Jungfrau ♍.

KAPILA - कपिल

Gründer einer Schule der Hindû Philosophie (Sânkhya Schule). KAPILA unterteilt das UNIVERSUM oder den Menschen in einen GEIST und 24 manifestierte Prinzipien (Tattwas). Und weil KAPILAS Schule diese nummeriert, wird sie SÂNKHYA genannt - von saṃkhyâ - nummerieren.

KAPILAVASTU - कपिलवस्तु

BUDDHA war Prinz von KAPILAVASTU. KAPILAVASTU war BUDDHAS Geburtsort und die Hauptstadt des Königreichs seines Vaters. Von kapila - Gold und vastu - Substanz oder wohnen. Doch MYSTISCH und OKKULT bedeutet KAPILAVASTU auch, dass BUDDHA sonnengeboren war.

KÂRAṆA - कारण

Ursache, Ursprung. Von kṛi - tun, machen. KÂRAṆA ist "das, was eine Handlung verursacht". Doch mit KÂRAṆA ist eine etwas metaphysischere Ursache gemeint, und diese metaphysische Ursache verursacht manifestierte Evolution. OM.

KÂRAṆOPÂDHI - कारणोपाधि

Begriff aus der TÂRAKA - RÂJA - YOGA SCHULE. KÂRAṆOPÂDHI ist nur ein anderes Wort für das Vehikel oder UPÂDHI oder Basis des zweiten Prinzips (von oben) beim Menschen, BUDDHI. Diese unterschiedlichen Schulen deuten an, in welchem Prinzip EIN UND DERSELBE MENSCH leben könnte, unabhängig von einander zur gleichen Zeit und in welchem NICHT. Von KÂRAṆA oder KṚI - tun, machen und UPÂDHI - Basis.

KARKAṬAKA - कर्कठक

♋ Tierkreiszeichen der KRABBE.

KARMA (oder KARMAN) - कर्म oder कर्मन्

Von KṚI - tun, handeln. Also ist KARMAN - HANDLUNG. KARMA lehrt, dass jede Tat zum Handelnden zurückkommen muss. Du bist das, was du aus dir selbst bzw. aus deinem anattā gemacht hast während vieler Inkarnationen.

### KARMA - YOGA - कर्म योग

Arbeit und selbstloser Dienst. YOGA (von yuj - vereinen) ist "EINHEIT MIT DER INNEREN GOTTHEIT". Und KARMA ist - HANDLUNG.

### KAS TWAM ASI - कस् त्वम् असि

"WER BIST DU?" Diese Frage stellt der MEISTER oder GURU seinem Schüler, und dann belehrt ihn der GURU: "TAT TWAM ASI" - "DAS (das GRENZENLOSE) BIST DU". Und genau das stimmt - laut BDL - nicht. Man löse das Rätsel.

### KHECHARA - खेचर

Ein SIDDHI oder MAGISCHE KRAFT. In diesem Falle die Kraft des FLIEGENS durch Benutzen eines Körpers, gemacht aus GEDANKENMATERIE. In diesem Fahrzeug kann der Adept sogar durch den Weltenraum fliegen und mit den Engeln und außerkosmischen Wesenheiten kommunizieren. Von KHE - im Himmel und KHA - Himmel und von CHARTA oder seiner Verbwurzel CHAR - gehen, wandern.

### KLEŚA - क्लेश

SCHMERZ. Esoterisch die URSACHE des Schmerzes, weltliches Vergnügen, Freuden, mit anderen Worten: VERLANGEN und dessen ERFÜLLUNG. Es gibt **fünf** KLEŚAS: IGNORANZ, EGOISMUS, VERLANGEN, ABNEIGUNG, HARTNÄCKIGKEIT DER WELTLICHEN EXISTENZ. Und laut BUDDHISMUS gibt es sogar **zehn** KLEŚAS: 3 Sünden des Körpers, 4 der Rede und 3 des Denkens. Du möchtest auf dem spirituellen Pfad vorankommen? Dann löse dich von diesen KLEŚAS.

### KṚISHṆA - कृष्ण

Ein AVATÂRA, aber auch die GOTTHEIT in jedem Menschen.

### KṚITA-YUGA - कृतयुग

Zeitalter der UNSCHULD. Eine der Perioden der Evolution, durch welche jede der SIEBEN GROSSEN WURZELRASSEN gehen muss. DHARMA oder die WAHRHEIT ist vorherrschend im KṚITA-YUGA oder auch im SATYA-YUGA. Dauer: Immer 1.728.000 Erdjahre. Von KṚITA- vollkommen, gut gemacht (kṛi - machen) und yuj - vereinen. Oder SATYA - YUGA von SATYA oder Wahrheit.

**KRIYÂŚAKTI - क्रियाशक्ति**

Macht der Handlung oder auch das Resultat eines KREATIVEN GEDANKENS. Jeder Gedanke schafft eine Form, erst auf der ASTRALEBENE und später, wenn der Gedanke oft genug wiederholt wurde, MANIFESTIERT er entweder in einer Handlung oder in einer Form. Als die DRITTE RASSE VAḤAN oder Vehikel der HERREN DER WEISHEIT wurde, schuf sie ihren Nachwuchs nur durch GEDANKENKRAFT. Dieser Nachwuchs wurde zu den Vorfahren der ARHATS. OM. In ungefähr 6.000.000 Jahren beim Erscheinen der SIEBENTEN RASSE wird der Geschlechtsverkehr verschwunden sein und die Menschheit wird ihren Nachwuchs durch KRIYÂŚAKTI hervorbringen.

**KSHÂNTI - क्षान्ति**

Geduld. Wir haben noch 150 Billionen Jahre vor uns[48]. Die zwei schlimmsten Feinde der Geduld sind ANGST und ZWEIFEL. Von KSHAM - geduldig sein.

**KSHATRIYA - क्षत्रिय**

Eine der vier Kasten Indiens in dessen früher Zivilisation. Die KSHATRIYAS waren die Krieger und die herrschende Klasse. In uralten Zeiten hatten verschiedene Arten von Menschen verschiedene Schüler, was in verschiedenen Kasten resultierte. SPÄTER wurde das Kastensystem ersetzt durch Abstammung . BUDDHA gehörte zu den KSHATRIYA.

**KSHETRAJÑA - क्षेत्रज्ञ**

KSHETRAJÑA ist das WISSEN im Menschen oder dem SPIRITUELLEN EGO im Menschen oder auch dem BEWUSSTSEINS-EGO. Von KSHETRA oder "Feld" der Handlung.

**KSHETRAJÑEŚVARA - क्षेत्रज्ञेश्वर**

Zusammensetzung aus KSHETRA-JÑA - IŚVARA oder "beherrschend wissende Verfassung des Menschen". Tatsächlich ist KSHETRAJÑEŚ-VARA eine ERWEITERUNG von KSHETRAJÑA.

48 Bis zum nächsten MAHÂ-PRALAYA.

KUMÂRA - कुमार

SOLAR PITṚIS oder der ERSTE Teil der "Dreieinigkeit" der SOLAREN PITṚIS. Sie bilden - zusammen mit den AGNISHWÂTTAS und MÂNASAPUTRAS - die höheren Teile des Menschen. KUMÂRA bedeutet "JUGENDLICHE". KUMÂRAS waren und sind PASSIVE spirituelle Wesenheiten, dazu bestimmt, auf lange Reise durch die MATERIELLE WELT zu gehen, wo sie - nach langem Kampf und der Erfahrung der Sterblichkeit - ihre Unschuld zurück erlangen, aber nun BEWUSST. DANN werden sie AGNISHWÂTTAS genannt (siehe AGNISHWÂTTA), weil sie dann agni - FEUER geschmeckt hatten. DIESE AGNISHWÂTTAS erscheinen im Morgengrauen eines NEUEN MANVANTARA und werden MÂNASAPUTRAS oder diejenigen, die all ihr Wissen in geringere Wesen projizieren. Von KU - mit Schwierigkeit und MÂRA - sterblich (von MṚI - sterben). Ein KUMÂRA ist eine MONADE, noch unschuldig und von reinem spirituellen Ursprung am Beginn ihrer Reise durch ein PLANETARISCHES MANVANTARA oder 4.320.000.000 weltliche Jahre.

KUMBHA - कुम्भ

♒ - Tierkreiszeichen des WASSERMANNS.

KUṆḌALINÎ - कुण्डलिनी

Kreisförmig, spiralförmig, deshalb auch SCHLANGE genannt. Wenn das BUDDHI oder LIEBESPRINZIP erwacht, bricht KUṆḌALINÎ hervor. Wenn konstant NACH UNTEN auf SEXUELLE AKTIVITÄT gerichtet, macht der Mangel an nach oben gerichteter KUṆḌALINÎ uns zu einem TIERARTIGEN Wesen oder vielmehr zu einem Wesen SCHLIMMER als ein Tier. Alle Arten von VERBRECHEN werden begangen wegen eines Mangels an KUṆḌALINÎ[49]. FOHAT - KOSMISCHE Energie - verändert sich zu KUṆḌALINÎ - SEXUELLER Energie.

Siegmund Freud irrte gewaltig, indem er den Menschen aus Libido entstehend zum Geistigen sich entwickelnd definiert. Es ist genau umgekehrt. Der Mensch ist ein geistiges Wesen, in die Materie fallend oder gefallen.

---

49 Oder vielmehr: Durch Mangel an nach OBEN gerichteter KUṆḌALINÎ und zu viel nach UNTEN gerichteter KUṆḌALINÎ.

LANOO - ŚRÂVAKA - लनो श्रावक

Ein Schüler, der esoterische Lehren empfängt, ist ein LANOO - ŚRÂVAKA. LANOO ist ein CHELA oder SCHÜLER und ŚRÂVAKA ein ZUHÖRER, also ist LANOO - ŚRÂVAKA auch ein "zuhörender Schüler" (ein den Worten des Meisters lauschender). Von ŚRU - hören.

LAYA - लय

Von LÎ - auslöschen, verschwinden. Ein LAYA-PUNKT ist auch ein kosmischer Fokus oder KANAL, durch welchen LEBENSATOME von einer höheren zu einer niedern Ebene gehen oder von der niederen zur höheren. Auch das sogenannte "Schwarze Loch" der Wissenschaft. Doch LAYA ist, wo die moderne Wissenschaft aufhört, sich mit Materie zu beschäftigen. Laya ist, wenn ILLUSION endet und die Wirklichkeit beginnt. WIRKLICHKEIT ist JENSEITS der sichtbaren materiellen Form. Die SICHTBARE materielle Form verschwindet durch LAYA in die REALITÄT, also vom NICHT-SEIN zum wahren SEIN. Das Zentrum einer JEDEN WESENHEIT ist sein LAYA-PUNKT, welcher auch METAPHYSISCHER MITTELPUNKT genannt werden könnte. Das Leben aller Wesenheiten fließt zurück und fließt wieder heraus durch diese LAYA "TÜR". Wenn ein Planet stirbt, projiziert er all seine LEBENSKRAFT in ein NEUES LAYA ZENTRUM, um welches sich unter der Führung seines PLANETENENGELS ein NEUER Planet bildet.

LIṄGA - ŚARÎRA - लिङ्गशरीर

ORIGINAL KÖRPER. Zuerst existierte der LIṄGA - ŚARÎRA oder unser ASTRALKÖRPER und dann wurde nach diesem MODELL - Atom für Atom - der PHYSISCHE Körper gebildet. Der ASTRALKÖRPER oder LIṄGA - ŚARÎRA ist von atomarer Struktur, und doch sind diese Atome so weit entfernt von einander, dass unsere ASTRALKÖRPER leicht durch dichten Stein dringen können, ohne sich gegenseitig zu beeinflussen[50]. Der ASTRALKÖRPER ist auch ein AUFZEICHNER all unserer EMOTIONALEN Erfahrungen, sei es aus diesem oder einem früheren Leben. PSYCHOTHERAPIE muss versagen, weil sie das genaue ESOTERISCHE Wissen bezüglich der SIEBENFÄLTIGEN STRUKTUR des Menschen nicht hat.

---

50 Obwohl man die Gegenwart des anderen ASTRALS FÜHLEN kann. Und was befindet sich zwischen den ATOMEN? ÂKÂŚA. Doch die Atome SELBST sind eine energetische Unterabteilung von ÂKÂŚA.

## LIPIKA - लिपिक

Auch Aufzeichner. Sie gehören zur KOSMISCHEN HIERARCHIE der BARMHERZIGKEIT. In Harmonie mit dem KOSMISCHEN BEWUSSTSEIN "drucken" sie automatisch und unpersönlich eine Aufzeichnung von jeder Tat, jedem Wort und jedem Gedanken ALLER Wesenheiten des KOSMOS in das ASTRALLICHT. Von da an und durch ALLE EWIGKEIT sind ALLE Wesen VERBUNDEN mit diesen Gedanken, Taten, Worten und Aktionen - seien sie negativ oder positiv - BIS sie sich selbst befreit haben von JEGLICHEM GEDANKEN, WORT und HANDLUNGEN und so NIRVÂṆA erreichen. Bedeutet das, grausam und herzlos zu sein? Nein. Hilf, wo immer du kannst, aber sei losgelöst. Von LIP - schreiben. Lipika sind Spiegel. Sie werfen jede deiner Handlungen auf dich zurück...

## LOKA - लोक

Es gibt SIEBEN LOKAS, und jede dieser LOKAS ist SIEBENFÄLTIG. Jede LOKA hat eine TALA. LOKA ist die HÖHERE SPIRITUELLE Monade in und von allem und TALA das niedere materielle Gegenstück dazu. Die sieben LOKAS werden auch "die SIEBEN HIMMEL" oder "die SIEBEN RELIGIONEN DER GESEGNETEN" genannt. **LOKAS** und **TALAS** werden auch ausgedrückt durch

| | ↓ | | ↓ |
|---|---|---|---|
| | GUT | und | BÖSE und |
| | HOCH | und | NIEDRIG |
| sowie | GEIST | und | MATERIE. |

Die Bewohner reichen von den HÖCHSTEN SPIRITUELLEN WESENHEITEN in SATYA LOKA bis zu den VERLORENEN SEELEN im Gegenstück ATALA. Von LOKA oder "Welt", doch hier ist die SPIRITUELLE WELT gemeint.

## MÂDHYAMIKA - माध्यमिक

Schule des "mittleren Pfades", gegründet in TIBET und CHINA von NÂGÂRJUNA, einem BUDDHISTISCHEN ARHAT (ungefähr 223 v. Chr.). Die Lehren waren rein ESOTERISCH und betonten mehr BARMHERZIGKEIT und SELBSTVERZICHT für die Rettung der Menschheit. Mangels intuitiven Verständnisses seiner SCHÜLER degenerierte die MÂDHYAMIKA Schule jedoch zu einer Schule des NIHILISMUS. Doch in NIRVÂṆA ist man NICHT zerstört, ihr NARREN!

MAHÂBHÂRATA - महाभारत

Großes episches Gedicht Indiens. Es enthält 220.000 Zeilen und ist somit das längste Gedicht der Welt - so wie *THE BOOK OF LIGHT* das größte handgeschriebene Buch der Welt ist. EXOTERISCH erzählt das MAHÂBHÂRATA die Geschichte der BHÂRATAS, einer großen (oder MAHÂ) Familie des alten Indien und ihre Kämpfe und Kriege, doch ESOTERISCH ist das MAHÂBHÂRATA ÄLTER als die SÛRYA-SIDDHÂNTA[51] und enthüllt die großen Kämpfe zwischen ÂRYA und ATLANTERN[52] vor Millionen von Jahren und - noch weiter zurück - den KRIEG IM HIMMEL der missverstandenen Bibel (siehe auch "*DIE WAHRE BEDEUTUNG DER BIBEL*"). OM. Das MAHÂBHÂRATA besteht aus mehreren Teilen, wie zum Beispiel dem BHAGAVAD-GÎTÂ, wo KṚISHṆA, der AVATÂR mit seinem Schüler ARJUNA "erhabene und spirituelle Philosophie"[53] diskutiert.

MAHÂBHÛTA - महाभूत

Ein BHÛTA ist ein "SPUK" oder etwas "GEWESENES", doch mit MAHÂBHÛTA ist etwas anderes gemeint, nämlich eines der LEBENDEN Gewänder eines TATTWA oder PRINZIP DES KOSMOS. Mit anderen Worten ERDE, WASSER, LUFT, FEUER sind KLEIDUNG eines KORRESPONDIERENDEN BHÛTA oder besser MAHÂ-BHÛTA oder eines Elementalengels.

MAHÂ - KALPA - महा कल्प

Kalpa ist ein Zeitzyklus von 4.320.000.000 Jahren oder SIEBEN RUNDEN einer planetarischen Kette. Ein MAHÂ - KALPA ist ein Zeitzyklus von SIEBEN MAL SIEBEN RUNDEN um eine PLANETARISCHE KETTE oder 7 x 4.320.000.000 Jahre. Von MAHÂ - groß und KLṚIP - in Ordnung sein. Ein MAHÂ - KALPA wird auch "SIEBEN TAGE VON BRAHMÂ" genannt, weil **dann** die Sonne ihre Position aufgibt und sich um ein NEUES LAYA herum transformiert.

MAHÂ - BUDDHI - महाबुद्धि

Das KOSMISCHE SPIRITUELLE PRINZIP.

---

51 Und das SIDDHÂNTA ist 2.000.000 Jahre alt!

52 Genannt RÂKSHASAS oder "TEUFEL".

53 Wie voll enthüllt im *BUCH DES LICHTS*.

### MAHÂ - MANVANTARA - महामन्वन्तर

Leben und Aktivität ZWISCHEN den MANUS oder zwischen WURZELRASSEN zum Beginn einer Runde - und SAMEN Manu an deren Ende[54]. MAHÂ-MANVANTARA oder EIN GROSSES (Mahâ) MANVANTARA wird angewandt auf den Lebenszyklus eines Planeten, aber auch eines (wenn MAHÂ MAHÂ MANVANTARA genannt) GANZEN UNIVERSUMS. DANN beinhaltet es einen Zeitraum von 311.040.000.000.000 Jahren.

### MAHÂ - MÂRA - महामन्वन्तर

Von MṚI - sterben, doch hier ist der Tod der Seele gemeint. MÂRA ist "der Zerstörer", "der BÖSE", "das, was die Seele tötet" oder "das, was tötet". Erfahre extreme Zufriedenheit und Freude der Sinne und irdischen Vergnügen, und du erfährst MÂRA. Gib diesen niederen Versuchungen nach, und eines Tages wird MÂRA triumphieren und im EXTREMFALL - nach vielen Leben des Nachgebens bezüglich aller Sorten von Versuchungen - ist deine Seele in Gefahr, für immer zerstört bzw. getötet zu werden. Das ist EWIGE VERDAMMNIS AUF DEM PLANETEN DES TODES, beeinträchtigt aber in keiner Weise die MONADE, welche UNBERÜHRBAR und UNZERSTÖRBAR[55] ist.

### MAHÂ - MÂYÂ - महामाया

Weil dieses Universum nur ein vorübergehendes Vehikel eines GROSSEN LEBENDEN GOTTES (Supermonade) ist, wird es auch MAHÂ-MÂYÂ genannt, was "große Illusion" bedeutet.

### MAHAR - LOKA - महर् लोक

VIERTE spirituelle Sphäre von oben. Auch "GROSSE WELT", die sich bis zu den Grenzen unseres Sonnensystems erstreckt. Verschiedene Klassen von DEVAS leben hier. Es sind Mental- und Astraldevas. Wenn man mit seinem Bewusstsein in MAHAR - LOKA ist, dann ist das Denken frei von MÂYÂ oder ILLUSION und nur auf barmherzigen Dienst für alle ausgerichtet. Es sei denn, man entsagt auch diesem Gedanken. Ich sehe nichts Schlechtes darin. OM.

---

54 Obwohl - genau genommen - der SAMENMANU erscheint bereits oder WIRD zum SAMENMANU unverzüglich nach dem Mittelpunkt der planetarischen RUNDE.

55 Für die MONADE ist es nahezu UNMÖGLICH, herausgerissen zu werden aus der QUELLE und sich aufzulösen in oder auf der ACHTEN SPHÄRE.

**MAHARSHI - महर्षि**

Ein GROSSER WEISER oder MAHÂ (großer) ṚISHI-WEISER.

**MAHÂ - ŚÛNYA - महाशून्य**

Große Leere, unendlicher Raum. Doch für ein erwachtes Wesen bedeutet MAHÂ - ŚÛNYA großartige und erhabene Fülle. Dasselbe wie das PLEROMA der GRIECHEN.

**MAHÂ - ŚÛNYATÂ - महाशून्यता**

Dasselbe wie MAHÂ - ŚÛNYA. Wenn der Lehrer fragt: "Wer bist du"?, dann antwortet der Schüler: "Ich bin das UNENDLICHE SELBST", und genau das stimmt eben nicht, denn die Wesenheit entzieht sich jeglicher Definition, ES SEI DENN, man definiert, was sie **nicht** ist, nämlich alles als VERÄNDERLICH Wahrnehmbare. Und wenn der Schüler die Antwort singt, dann sieht er seine Einheit mit MAHÂ - ŚÛNYATÂ oder der "spirituellen Fülle von allem" oder auch MAHÂ - ŚÛNYA. Von ŚÛNYA - leer und tâ - einer Substantivendung.

**MAHAT - महत्**

Das große, aber auch universelle Denken oder göttliche Intelligenz, kosmisches Denken, welches hier unten zum Denken (oder MANAS) des Menschen wird. Doch MAHAT ist gleichzeitig das Gefährt von DHYÂNI-CHOHANS oder die Summe aller GÖTTLICHER und SPIRITUELLER INTELLIGENZ UNSERES KOSMOS.

**MAHÂTALA - महातल**

Sechste materielle Ebene von **oben**. Der Gegenpol von BHUVAR LOKA oder "Der Welt des Werdens"[56]. Die astralen Schatten der Menschen befinden sich in MAHÂTALA. Wann immer man egoistisch, unfreundlich oder unrein ist, befindet man sich mit dem ASTRAL in MAHÂTALA. Von MAHÂ - groß und TALA - Basis, niederer Teil, materielle Welt, Ort oder Region.

**MAHÂTMAN - महात्मन्**

Du musst erst ein ADEPT sein, um ein MAHÂTMA zu werden. Von MAHÂ - groß und ÂTMAN - SELBST oder SEELE. Ein MAHÂTMA ist eine große SEELE. Weise, Seher und Meister der Weisheit sind MAHÂTMAS.

---

56 Dehnt sich aus bis zur Sonne und ist der Wohnort niederer NATURGEISTER.

MAHÂYÂNA - महायान

Eine Schule BUDDHISTISCHER RELIGION und PHILOSOPHIE. Sie lehrt den ESOTERISCHEN Aspekt der ursprünglichen Lehre des Buddha. Dieser esoterische Aspekt wird auch "HERZ-LEHRE" genannt. SELBSTVERZICHT zur Rettung der Menschheit ist die Lehre der MAHÂYÂNA-SCHULE.
MAHÂYÂNA lehrt sogar den Verzicht auf NIRVÂṆA, so dass der ADEPT anderen helfen kann auf ihrem Weg zum Licht. Das ist ein großes Ziel bzw. diese Schule ist ein GROSSES VEHIKEL für so viele SELBSTLOSE LEHREN, deshalb wird sie GROSSES VEHIKEL oder MAHÂYÂNA genannt.

MAHÂ - YUGA - महायुग

Ein MAHÂ - YUGA besteht aus VIER YUGAS: SATYA, TRETÂ, DWÂPARA und KALI-YUGA. Jede WURZELRASSE muss durch diese YUGAS oder ZEITPERIODEN gehen. **4** YUGAS: 4.320.000 weltliche Jahre. Von MAHÂ - groß und YUGA - Zeitalter oder Zeitperiode (von yug - vereinen).

MAKARA - मकर

♑ Es handelt sich hier um das Sternzeichen des Steinbocks, auch als Seeziege bezeichnet, weil das Fahrzeug der hinduistischen Flussgöttin Gauga und des Meeresgottes Varuna. Ich habe vor Millionen von Jahren unter dem Makara - Zeichen große Schuld auf mich geladen.

MANAS - मनस्

Das denkende Prinzip im Menschen. Das englische "man" (Mensch) selbst ist abgeleitet von der Sanskrit Verbwurzel "man" - denken. MANAS ist also - der Denker. MANAS oder MIND - Denken - gibt uns Bewusstsein. Wenn man Manas oder tatsächlich den Verstand verliert, wird man zur Beute des KÂMARÛPA oder der Tierseele, ES SEI DENN, man sieht das Denken als anattā und überwindet es. Während der Inkarnation ist MANAS dual oder aufgeteilt in zwei, in das HÖHERE und das NIEDERE Manas. Niederes MANAS ist, wenn wir mit unserem Denken den irdischen tierischen Verlangen und Leidenschaften nachgeben. Das niedere MANAS wird vom MOND beeinflusst, daher ist es LUNAR. Das HÖHERE MANAS treibt in Richtung des UNSTERBLICHEN, konstant reinkarnierenden EGO (erleuchtet von BUDDHI, dem zweiten Prinzip von oben). Höre die Worte von ŚANKARÂCHÂRYA: "Der Mond ist das Denken, und die Sonne das Verständnis".

**MÂNASA - मानस**

Sanskrit Adjektiv-Form von MANAS.

**MÂNASAPUTRA - मानसपुत्र**

Von Mânasa - Adjektiv-Form von MANAS - Denken und PUTRA - Sohn. MÂNASAPUTRA sind SÖHNE DES DENKENS. Sie gehören zur HIERARCHIE DER BARMHERZIGKEIT; ihre "Arbeit" bestand und besteht darin, niederen Wesenheiten das Denken zu geben, was viele der MÂNASAPUTRAS gemacht haben, indem sie dem Gesetz von KARMA folgten und das unentwickelte Denken der DRITTEN WURZELRASSE in der VIERTEN RUNDE gaben und so die DRITTE RASSE mit der Verantwortung der persönlichen Entscheidung ausstatteten. Es ist die eine Flamme, die eine Kerze entzündet. OM. Doch einige der MÂNASAPUTRAS weigerten sich… Ich war einer von ihnen.

**MÂNASA - RÛPA - मानसरूप**

DER Teil der menschlichen Wesenheit, der von Leben zu Leben besteht. Also der feinstoffliche MENTAL-LEIB. Der DENKER überlebt in Form von Skandhas. Von MANAS - Denken und RÛPA - Körper.

**MÂNASAPUTRA - मनसपुत्र**

Das sind also diejenigen, die der DRITTEN WURZELRASSE das DENKEN gegeben haben. Sie waren DHYÂN-CHOHANS und sind jetzt - WIR. Wenn ich sage, dass die MÂNASAPUTRAS oder Söhne des Denkens der Dritten Rasse in der VIERTEN RUNDE das Denken gegeben haben, meine ich nicht, dass die DRITTE RASSE vorher überhaupt kein Denken gehabt hat. Es wäre richtiger zu sagen, dass ihr Denken bis dahin noch UNENTWICKELT war. Und als die MÂNASAPUTRAS oder SÖHNE DES DENKENS der DRITTEN das Denken[57] gaben, erweckten sie auf diese Art die latenten Kräfte der EGOITÄT, des Selbstbewusstseins und - mehr als alles andere - die Verantwortlichkeit und Konsequenz der getroffenen Entscheidung, um die Menschheit zu SELBSTBEWUSSTER Göttlichkeit zu führen. Von MANAS - Denken und PUTRA - Sohn. Bewusst kann sich das Selbst aber nur dessen sein, was es NICHT ist.

---

57 Einige projizierten den Funken, einige - unter anderem ich - warteten bis zur VIERTEN RASSE (oder bis zum Erscheinen der ersten Unterrasse der VIERTEN WURZELRASSE). BUCH VON DZYAN VII, 24, S. 161; GEHEIMLEHRE II, Blavatsky.

MÂNASIC
Anglisierte Adjektiv-Form von MANAS.

MÂNAVA - मानव
Adjektiv-Form des Substantivs MANAS.

MÂNAVA - DHARMA - ŚÂSTRA - मानवधर्म शास्त्र
Ein Gesetzbuch und gleichzeitig ein allgemeiner Name für alle heiligen Schriften in Indien. MÂNAVA bezieht sich hier auf MANU oder den ERSTEN MANU der menschlichen Rasse[58]. Also ist MÂNAVA - DHARMA - ŚÂSTRA das DHARMA - ŚÂSTRA oder Gesetzbuch des Manu. Aber MÂNAVA - DHARMA - ŚÂSTRA ist viel mehr; es behandelt auch Ursprung und Emanation des Universums, nachtodliche Zustände und die Kunst des Regierens sowie Ethik.

MANOMAYA - KOŚA - मनोमयकोष
Eine der PAÑCHA - KOŚAS oder fünf Hüllen der Göttlichen Monade oder ÂTMAN. Das niedere Denken und das Verlangensprinzip ist das MANOMAYA - KOŚA eines menschlichen Wesens. Das psychologische Instrumentarium des menschlichen EGO auf diesem Globus D unserer Erdkette ist das MANOMAYA - KOŚA. Verweile nicht zu sehr im MANOMAYA - KOŚA[59].

MANTRA - मन्त्र
Instrument des Denkens, abgeleitet von MAN - denken. EIN Teil der VEDAS. Sie sind in zwei Hauptteile aufgeteilt: MANTRA und BRÂHMAṆA. Du kannst MANTRA singen oder sprechen. Die WAHRE Macht ist verborgen im *BUCH DES LICHTS*. OM MANI PADME HUM.

MANU - मनु
Von MAN - denken. Die Gesamtsumme der DHYÂNI - CHOHANS, die zum Beginn der Manifestation zuerst erscheinen. Sie sind alle Denkformen in ihren vielen Emanationen und weil sie die Samen früherer MANVANTARAS sind,

---

58 Es gibt einige Meinungsverschiedenheiten darüber, welcher Manu hier gemeint ist: SWAYAMBHÛVA, Manu der ersten Runde oder VAIVASVATA, Manu der VIERTEN RUNDE.
59 Das Wort MANIAC ist von dort abgeleitet…

stammen **alle** Wesenheiten dieser planetarischen Periode (unser Manvantara) von ihnen ab. Wir alle sind SÖHNE von VATER - MUTTER. OM.

MANUSHI - मनुषि
WEISE DER DRITTEN RASSE.

MANUSHYA - मनुष्य.
Adjektiv-Form von manushya - Mensch.

MÂNUSHYA - BUDDHAS - मनुष्य बुद्ध
Wächter und Inspiratoren der großen WURZELRASSEN auf jedem Globus unserer planetarischen Erdkette. GAUTAMA, der BUDDHA, war ein MÂNUSHYA - BUDDHA. OM.

MANVANTARA - मन्वन्तर (oder MANU ANTARA).
MANU ANTARA oder zwischen (antara) den MANUS oder: zwischen dem WURZELMANU und dem SAMENMANU. Der Wurzelmanu leitet die Evolution[60] aller denkenden Formen ein, der Samenmanu verbleibt am Ende der Manifestation, doch tatsächlich transformiert der Wurzelmanu in den Samenmanu ohne seine Identität zu verlieren. OM. Der Wurzelmanu unserer VIERTEN Runde ist (oder war) VAIVASVATA, der Samenmanu ist[61] SAVARNA.

MÂRA - मार
Der "Zerstörer", "der Böse", "Killer der Seele", von mṛi - sterben oder "das, was den Tod verursacht - das, was tötet". Alle "Versuchungen", die den Menschen testen wegen seiner Schwäche und seiner bösen Taten (aus dieser oder vergangenen Inkarnationen) sind MÂRA. Wir sind die Schöpfer der Scharen von MÂRA. BUDDHA selbst wurde von diesen Scharen versucht bzw. attackiert. Sie versuchten, ihn von seinem großen Ziel abzubringen. Doch aufgrund seiner Geistseele und seiner Barmherzigkeit wurden diese Bösen in fünffarbige LOTUSBLUMEN verwandelt. Der KÖNIG der MÂRAS ist MAHÂ MÂRA.

---

60 Oder: Er (es) öffnet eine RUNDE.

61 Denn der SAMENMANU beginnt unmittelbar nach dem Mittelpunkt der Runde, und wir haben den Mittelpunkt der VIERTEN RUNDE bereits überschritten.

MÂRGA - मार्ग

Der Pfad, der zu BEFREIUNG, WEISHEIT und FRIEDEN führt. Von MÂRG - suchen, streben, erreichen.

MARUT - मरुत्

Dritter Buchstabe von AUM. MARUT ist Wind oder auch der GOTT des Windes oder Sturmes.

MÂYÂ - माया

Alles Vergängliche ist MÂYÂ, deshalb: **Alles** ist MÂYÂ, sogar die Hülle des höchsten Geistes, einschließlich BRAHMAN, wegen seines neues Erscheinens bei jedem MAHÂ-MAHÂ-MANVANTARA. OM. Von MÂ - messen. Alles MESSBARE hindert uns daran, die vollkommene Wahrheit oder Wirklichkeit zu erkennen, denn Wahrheit und Wirklichkeit sind JENSEITS der GRENZEN; sie sind UNENDLICH. Wo auch immer es MANIFESTATION gibt, dort ist MÂYÂ, denn MATERIE, welcher Art auch immer, ist ein Schleier zwischen uns und Wirklichkeit. Deshalb: Gehe nach INNEN, und du wirst die Antwort auf alle Fragen finden. OM.

MÂYÂVI - मायावि

Illusorisch.

MÂYÂVI - RÛPA - मायावि रूप

Illusorischer Körper, geschaffen durch GEDANKEN eines EINGEWEIHTEN. Doch um diesen Körper zu schaffen, muss der Eingeweihte sein HÖHERES MANAS nutzen und nicht das NIEDERE. RÛPA ist die FORM und MÂYÂVI ist illusionär oder illusorisch. Da MÂYÂVI - RÛPA nur ZEITWEILIG ist, wird es zurückgezogen und aufgelöst, nachdem es seinen Zweck erfüllt hat. Der ADEPT kann so in zwei verschiedenen Körpern sein:

a) in seinem physischen Körper und b) zur gleichen Zeit sogar weit weg in seinem MÂYÂVI - RÛPA oder illusionären Körper. HPH-WA ist das tibetische Wort für die Fähigkeit oder Kraft, den MÂYÂVI - RÛPA zu projizieren.

MERU - मेरु

Esoterisch der Nordpol, doch auch ÂTMAN oder die Göttlichkeit des Menschen. Ein MERU oder AMERIKA - laut BDL Land der gegenwärtigen Fünften Rasse.

MESHA - मेष

♈ Tierkreiszeichen des Widders.

MÎNA - मीन

♓ Tierkreiszeichen des Fisches.

MITHUNA - मीथुन

♊ Tierkreiszeichen der Zwillinge.

MOKSHA - मोक्ष

Dasselbe wie MUKTI oder FREIHEIT, BEFREIUNG, Lösen von MÂYÂ. Und das Ergebnis? NIRVÂṆA. Von MUCH - befreien, freisetzen.

MUDRÂ - मुद्रा

Von MUD - glücklich sein, jubeln. Ein System okkulter Zeichen von magischer Wirkung. Diese Zeichen können gemalt, als Poster während der Meditation verwendet oder mit den Fingern gemacht werden. Zum Beispiel: Die Donnerpfeilwaffe der Götter, die Macht verleiht über unsichtbare böse Kräfte ist ein MUDRÂ.

MUKTI - मुक्ति

Dasselbe wie MOKSHA. MUKTI ist Freiheit, Befreiung, Abwesenheit jeglichen Verlangens, mit anderen Worten: NIRVÂṆA. Von MOKSH - freisetzen, befreien.

MÛLAPRAKṚITI - मूलप्रकृति

Der Schleier, der das ewig Unbekannte umgibt oder Parabrahman. Doch aus MÛLAPRAKṚITI erscheinen - nachdem die Wesenheiten darin interagieren - **alle** materiellen Formen. Und wenn ich materiell sage, meine ich auch unseren Geist, sogar den Höchsten von ihnen, denn genau gesagt ist Geist auch Materie, wenn auch nichtatomar. OM. Doch die Natur des Geistes wird erreicht beim Wiedererwachen aller Kräfte alle 311.040.000.000.000 Jahre, und diese spirituelle Natur in MÛLAPRAKṚITI wird verursacht durch Wechselwirkung oder Reflexion eines Parabrahmanischen Aspekts in MÛLAPRAKṚITI. Von MÛLA - Wurzel und PRAKṚITI - Materie. MÛLAPRAKṚITI ist Wurzelmaterie, und ihre Präsenz bei jedem neuen MAHÂ-MAHÂ-MANVANTARA verursacht Dualität in allem und ist die Hauptursache einer Wirkung, die ungefähr vor 18.000.000 Jahren in der Teilung der Geschlechter kulminierte.

MYALBA - म्यल्ब

Hölle oder was die Tibeter unter Hölle verstehen. Sie meinen kein astrales Fegefeuer, sondern einfach unsere Erde, welche für sie (und auch für die esoterische Lehre) die größte Hölle oder Bestrafung für den Menschen ist. AVÎCHI[62] wäre der Sanskritbegriff dafür.

NÂDA - नाद

Von NAD - klingen. Die Stimme in dir oder: Wenn ÂMAN oder dein göttliches Selbst zu dir "spricht". NÂDA ist Klang, aber ein innerer Klang. Meditiere, und du wirst NÂDA "hören".

NÂGA - नाग

Ein EINGEWEIHTER des alten INDIENS. NÂGA ist auch eine Schlange, und weil die Schlange sich verjüngt und ihre Haut abstreift, wurde sie als Symbol für einen Eingeweihten ausgewählt, denn auch er ist verjüngt oder ZWEIMAL GEBOREN nach der EINWEIHUNG. Ein Eingeweihter ist UNSTERBLICH, nicht, weil er immer denselben Körper behält, sondern weil er sich der VERÄNDERUNG bewusst ist. "Normale" Menschen werden bewusstlos, wenn sie sterben oder schlafen. Nicht so der Eingeweihte. Er ist immer DA und wartet geduldig in der Nähe des Embryos und späteren Fötus bzw. Säuglings, bis er vollständig inkarniert. OM. "Sei so weise wie die Schlangen", sagte Jesus.

NÂGÂRJUNA - नागार्जुन

Ein buddhistischer Arhat (223 v. Chr.). Er lehrte esoterische Wissenschaften der "Herz-Lehre" oder MAHÂYÂNA Schule. Er betonte die Wichtigkeit des Mittelpfads oder MÂDHYAMIKA. Doch die Lehren von NÂGÂRJUNA degenerierten bald zu Nihilismus. Von NÂGA - Schlange und ARJUNA - besondere Baumart. Also bedeutet NÂGÂRJUNA der Schlangenbaum, doch mit "Baum" ist hier esoterisch der Baum des Lebens gemeint. Die Buddhisten sehen den Arhat NÂGÂRJUNA als "eine der großen vier Sonnen[63], welche die Welt erleuchten.

---

62 Wellenlos.

63 Sieh was *DAS BUCH DES LICHTS* schreibt über DIE ZENTRALE SONNE.

NAIMITTIKA - MANVANTARA - नैमित्तिक मन्वन्तर
Eine gelegentliche oder "zufällige Periode" KOSMISCHER AKTIVITÄT.

NAIMITTIKA - PRALAYA - नैमित्तिक प्रलय
Eine gelegentliche oder "zufällige Periode" KOSMISCHER RUHE.

NALJOR
Die TIBETER nennen einen heiligen Mann "NALJOR".

NÂMA - RÛPA - नामरूप
Von NÂMA - Name und RÛPA - Form. Eine Form mit einem Namen. Oder "die Persönlichkeit, die vergänglich ist".

NÂSTIKA - नास्तिक
Nicht (oder NA) ein ÂSTIKA (an einen orthodoxen Gott Glaubender). Also einer, der nicht an Gott glaubt. "GOTT" oder BRAHMAN ist ein GESETZ. Nur totale Unterordnung unter DAS GESETZ, nun wiedererweckt im *BUCH DES LICHTS* und zur gleichen Zeit bereit sein zum Handeln garantiert ERLEUCHTUNG. Es gibt natürlich keinen vollkommenen Schöpfergott. DU bist Gott.

NIDÂNA - निदान
Eine "Fessel" oder Ursache der Existenz. Es gibt ZWÖLF NIDÂNAS. Von NI - nieder und DÂ - fesseln. Also ist NIDÂNA "das, was dich zurück in die irdische Existenz bringt". Und zwar so:

I. NIDÂNA

AVIDYÂ - अविद्या. Mangel an wahrem Verständnis des Lebens und seiner WAHRHEITEN und GEHEIMNISSE. Von a - nicht und VIDYÂ - Weisheit.

II. NIDÂNA - verursacht von AVIDYÂ ist …

… SAṂSKÂRA - संस्कार
Beeinflusst durch Illusion und falschem Verständnis des Lebens produzieren wir SAṂSKÂRA. Von SAM - zusammen und KṚI - machen. SAṂSKÂRA ist auch - weltliche Dinge anhäufen. Verursacht von SAṂSKÂRA ist …

III. NIDÂNA - निदान

… VIJÑÂNA - विज्ञान, was BEWUSSTSEIN oder INTELLIGENZ ist. Von VIJṆÂ - erkennen, unterscheiden. VIJÑÂNA verursacht … विज्ञान

IV. NIDÂNA

… NÂMA RÛPA - नाम रुप. Vergängliche (sterbliche) Persönlichkeit, diese verursacht …

V. NIDÂNA

… SHAḌÂYATANA - षडायतन. Die sechs Sinnesorgane. Von SHAḌ - sechs, ÂYATANA - Ruheort oder Wohnort (von ÂYAT - weilen, abhängen von). SHAḌÂYATANA - verursacht …

VI. NIDÂNA

… SPARŚA - स्पर्श, Berührung oder Kontakt jeder Art. Von SPṚIŚ - berühren, verursachen …

VII. NIDÂNA

… VEDANÂ - वेदना

Von VID - wissen. VEDANÂ ist Sinneswahrnehmung. VEDANÂ verursacht ...

VIII. NIDÂNA

… TṚISHṆÂ - तृष्णा, die Ursache allen Anhaftens. Von TṚISH - dursten. TṚISHṆÂ verursacht …

IX. NIDÂNA

… UPÂDÂNA - अपादान. Von UPÂDÂ - für sich selbst erwerben. ONASSIS und ROCKEFELLER wären zwei Beispiele für extremes UPÂDÂNA. UPÂDÂNA ist einfach für sich selbst "raffen" oder am weltlichen Leben anhaften, und das verursacht …

X. NIDÂNA

… BHÂVA - भाव. Von BHÛ - werden. BHÂVA ist WIEDER WERDEN.

XI. NIDÂNA

... JARÂ - MÂRAṆA - जरा मारण oder "ALTER und TOD". Von JARÂ - Alter und MÂRAṆA - Tod. Von MṚI - sterben. JARÂ - MÂRAṆA verursacht ...

XII. NIDÂNA

... JÂTI - जाति. JÂTI ist GEBURT und bringt die Resultate vorheriger Handlungen hervor. Von JÂN - geboren werden.

Du möchtest dem "Rad des Lebens " entfliehen und NIRVÂṆA erlangen? Dann BEFREIE dich von diesen NIDÂNAS. Dazu in der Lage sein (sich selbst von den NIDÂNAS zu befreien) heißt, die Wissenschaft des Lebens zu verstehen. Möge *DAS BUCH DES LICHTS* dich leiten.

**A U M**

NÎLODUMBARA - नीलोदुम्बर

Eine Art von RIESIGEM LOTUS, der EINMAL alle 3000 Jahre blüht. Ein NÎLA oder NÎLO oder BLAUER Lotus. Und weil der NÎLODUMBARA oder "BLAUE LOTUS" so selten blüht, wird er als Vorzeichen großer Ereignisse[63] betrachtet. Von NÎLA oder NÎLO - blau und UDUNBARA - eine Lotusart, aber auch ein heiliger FEIGENBAUM.

NIRMÂṆAKÂYA - निर्माणकाय

Eins der DREI herrlichen Gewänder, in welche sich SPIRITUELLE WESEN kleiden. NIRMÂṆAKÂYA ist das niederste und ASTRALE Gewand, zusammengesetzt aus ASTRALER SUBSTANZ. Je weiter du auf dem Pfad bist, umso stärker, aber zugleich auch feinstofflicher das Gewand. Ein BUDDHA der Barmherzigkeit ist zum Beispiel ein NIRMÂṆAKÂYA.

NIRVÂṆA - निर्वाण

Von NIR - aus und VÂNA - blasen. Wann auch immer deine niederen Vehikel "ausgeblasen" sind, ist dein WAHRES HÖHERES SELBST oder die Monade

63 Geburt von GAUTAMA, Geburt von TSONG - KHA - PA.

frei und in einem Zustand äußerer Glückseligkeit und vollständig ERLEUCHTETEM BEWUSSTSEIN, von dem man sich dann auch lösen kann, um Para Nirvāṇa zu erlangen.

NIRVÂṆA - DHARMA - निर्वाण धर्म

Wiedervereinigung mit dem KOSMISCHEN Selbst, ein NIRVÂṆAZUSTAND. Höchste Glückseligkeit und Gelassenheit und Allwissenheit. NIRVÂṆA - DHARMA erfordert VOLLSTÄNDIGE LOSLÖSUNG und die ABWESENHEIT jeglichen Verlangens, sogar des Verlangens, GUT zu sein. Du BIST nur. Du bist das "ICH BIN". OM. Jenseits davon wartet das NIRVÂṆA.

NIRVÂṆIN - निर्वाणिन्

NIRVÂṆIN ist jemand, der NIRVÂṆA - DHARMA betritt.

NITYA - MANVANTARA - नित्य मन्वन्तर

Das KONSTAMTE Wiedererscheinen bzw. die REGENERATION der Zellen eines Körpers, sei es ein kosmischer Körper[64] oder ein physischer menschlicher Körper. Von NITYA - konstant.

NIVṚITTI - निवृत्ति

NIVṚITTI ist VERFALL. Du kommst von der Quelle, und du gehst zur Quelle. OM. Von einem MAHÂ-KOSMISCHEN Gesichtspunkt aus könnten wir sagen, dass wir NIVṚITTI sind, seit wir die ERSTE HÄLFTE der VIERTEN RUNDE und die 18.000 Verkörperung der planetarischen Kette, welche nun unsere ERDKETTE[65] ist, passiert haben. Mit anderen Worten: Wir sind auf dem Weg zurück ins MAHÂ- MAHÂ- PRALAYA. Das wird geschehen in 155.517.831.000.000 Jahren für die Zeitdauer von 311.040.000.000.000 Jahren.

NIYAMA - नियम

Von NI - herunter und YAM - halten. Niederhalten oder unterdrücken. Wenn du deine Gedanken und Handlungen KONTROLLIERST und dein persönliches Selbst schweigen lässt, zum Beispiel durch MEDITATION und das UNIVERSELLE SELBST gewähren lässst, dann erfährst du NIYAMA.

---

64 Sonnensystem zum Beispiel.

65 Oder: Wir sind (und mit uns die ERDE) in der 18.001. Verkörperung.

OM - ओम् oder ॐ

Auch AUM geschrieben, ist HEILIG. CHELAS und EINGEWEIHTE benutzen OM in ihren heiligen Treffen. Sage AUM, und du schaffst eine Verbindung zu BRAHMÂ. AUM ist auch das "DREIFACH-FEUER". Die vollständige mystische Bedeutung des Wortes AUM wird nur denjenigen enthüllt, die auch zwischen den Zeilen des *BUCHES DES LICHTS* lesen können.

OM MAṆI PADME HUM - OM! - ॐ मणिपद्मे हूँ

"OH HÖHERES SELBST DES UNIVERSUMS" ist die esoterische Bedeutung. Exoterisch lautet sie: DAS JUWEL IM LOTUS, HUM! Das "Juwel" ist das höhere Selbst oder BRAHMAN, der LOTUS ist seine SICHTBARE und UNSICHTBARE Manifestation - unser Universum. Oder: Das JUWEL ist die Göttlichkeit des Kosmos oder/und die Göttlichkeit im Menschen. Was hat 'OM MAṆI PADME HUM' mit der Welt zu tun? *DAS BUCH DES LICHTS* lehrt es uns ...

OM TAT SAT - ओं तत् सत्

OM DIESER GRENZENLOSEN REALITÄT!

OM VAJRAPÂṆI HUM

Eine MANTRA, welche benutzt wird in Richtung der "SELBSTBEWUSSTEN" EINHEIT mit der allmächtigen und unzerstörbaren GOTTHEIT im Inneren. OM VAJRAPÂṆI HUM ist auch DER TRÄGER DES BLITZSTRAHLS[66].

PAÑCHA - KOŚA - पञ्चकोष

Von PAÑCHA - fünf und KOŚA - Hülle. Die fünf KOŚAS oder Hüllen, in welchen die göttliche Monade auf den niederen Ebenen (niedriger als sie selbst) Bewusstsein erlangt.

PAÑCHA - ŚÎLA - पञ्चशील

Fünf Vorschriften: Barmherzigkeit, Ehrlichkeit, Reinheit, Aufrichtigkeit und Mäßigkeit.

PANSIL

Dasselbe wie PAÑCHA - ŚÎLA, doch in PÂLI.

66 Dieses Mantra wurde oft genutzt während der ÂRYA-ATLANTISCHEN Kriege...

### PARABRAHMAN - परब्रह्मन्

Jenseits der Supermonade. Wie kann man etwas erklären, was JENSEITS (oder PARA) des Verständnisses liegt? Gar nicht. Löse dich in der Seelenatem Meditation auch vom Denken. Dann kommt die Wahrheit. LASS ALLES LOS - dann kommt eine andere, neue Realität. OM an PARABRAHMAN. Auch zu vergleichen mit der AGNOSTOS des Homer und Plato.

### PARAMÂṆU - परमाणु

Von PARAMA - Höchstes, ANU - Atom. Mit "HÖCHSTEM ATOM" ist hier der Geist eines chemischen Atoms gemeint.

### PARAMÂRTHA - परमार्थ

Die höchstmögliche Errungenschaft für einen Adepten auf Erden. Der Adept ist, während er PARAMÂRTHA erreicht hat, in einem NIRVÂṆISCHEN Zustand, sogar wenn noch auf Erden in einem PHYSISCHEN Körper. Von PARAMA - Höchstes und ARTHA - Ziel, Zweck.

### PARAMÂRTHA - SATYA - परमार्थ सत्य

Höchste Wahrheit, welche einerseits nicht erreicht werden kann wegen MÛLAPRAKṚITI, dem Schleier, durch welchen nicht einmal BRAHMAN PARABRAHMAN begreifen kann. OM. Andererseits ist höchste Wahrheit möglich durch LOSLÖSUNG von allem.

### PARAMÂTMAN - परमात्मन्

BRAHMAN. Von PARAMA - höchstes und ÂTMAN - selbst. Was WIR für die ATOME unseres Körpers sind, ist PARAMÂTMAN für UNS. Oder: Wir haften an ZELLEN (oder besser ATOMEN) des Körpers von BRAHMAN. OM.

### PÂRAMITÂ - पारमिता

Von der Akkusativform oder PÂRA - jenseits, PÂRAM und ITA von I - gehen. PÂRAMITÂ ist eine Tugend oder VERVOLLKOMMNUNG, welche in Richtung JENSEITS jeglicher Beschränkung führt. PÂRAMITÂ - Vervollkommnung erreicht haben, darüber hinaus gegangen sein. Es gibt SIEBEN PÂRAMITÂS oder IDEALE, welche zur Vollkommenheit führen und so zur Loslösung des Selbstes vom NICHT - SELBST oder anattā. Diese SIEBEN TUGENDEN oder PÂRAMITÂS werden auch ...

**"DIE SIEBEN SCHLÜSSEL ZU DEN PORTALEN VON JÑÂNA oder WEISHEIT "** genannt.

I. SCHLÜSSEL- दान
DÂNA. Von DÂ - geben. Nächstenliebe und unsterbliche Liebe, aber FREI von Anhaftung.

II. Schlüssel - शील
ŚILA. Um jegliches unnötiges KARMA zu vermeiden. Harmonie in Wort und Tat. Von ŚIL - dienen, ausüben. Sei einfach, freundlich, zurückhaltend und selbstlos bzw. frei von Anhaftung an dein anattā und du wirst ŚILA erreichen.

III. Schlüssel - क्षान्ति
KSHÂNTI. Von KSHAM - geduldig sein. Pflege Ausdauer, übe Nachsicht mit äußeren Umständen und dem Temperament anderer, übe Standhaftigkeit, töte Angst und Zweifel, und du wirst KSHÂNTI erlangen.

IV. Schlüssel - विराग
VIRÂGA. Du musst RÂGA, also Leidenschaft und Verlangen bezwingen, um VIRÂGA zu erlangen. VIRÂGA ist Gleichgültigkeit, Freude und Schmerz gegenüber. Von VI - ohne und RÂGA - Leidenschaft, Verlangen (RAJVÎRYA).

V. Schlüssel - वीर्य
VÎRYA. VÎRYA ist eine Energie, generiert in Richtung Selbstkontrolle und reinem Herz und Denken. Wie ein Phoenix aus der Asche erhebt sich VÎRYA aus MÂYÂ heraus. OM.

VI. Schlüssel - ध्यान
DHYÂNA. Von DHYAI - meditieren. Wenn HERZ und DENKEN in REINEM WISSEN und ERLEUCHTUNG gebadet werden und FREI von jeglichen mâyâvischen Anziehungen sind, DANN hast du DHYÂNA erreicht.

VII. Schlüssel - प्रज्ञा
PRAJÑÂ. Von JÑÂ - verstehen, wissen und PRA - vorher. Wenn du erst einmal PRAJÑÂ oder prophetisches Wissen oder wahre Weisheit und Selbsterkenntnis, verursacht von Intelligenz und Urteilsvermögen erreicht hast, dann wirst du ein Gott, ein BODHISATTVA, ein "SOHN DER DHYÂNIS".

PRÂKṚITIKA - PRALAYA - प्राकृतिक प्रलय

Universelle Auflösung aller Formen, aber nicht der ihnen zugrunde liegenden Urmaterie. OM. PRÂKṚITIKA - PRALAYA wird in 155.518.000.000.000 Jahren stattfinden und wird 311.040.000.000.000 weltliche Jahre andauern. Während dieser Zeitperiode werden Wesenheiten (mehr oder weniger bewusst) NIRVÂṆA erfahren und dann …

PARA ṆIRVÂṆA - परनिर्वाण

Auch PARINIRVÂṆA. Ein Zustand HÖHER als NIRVÂṆA, kann nur während des MAHÂ-MAHÂ-PRALAYA erfahren werden, wenn DER GROSSE ATEM ALLES einschließlich BRAHMAN[67] für 311.040.000.000.000 Jahre verschlingt. OM.

PARAṆISHPANNA - परणिष्पन्न

Dasselbe wie PARA ṆIRVÂṆA. Doch PARA ṆIRVÂṆA ist "JENSEITS DES AUSGELÖSCHTEN" und PARAṆISHPANNA meint auch die Zeitperiode von 155.518.044.115.211 Jahren, wenn wir alle jenseits von IRGENDETWAS gegangen sind, das erklärbar ist.

PARIKALPITA - परिकल्पित

Illusion produziert Irrtümer. Und dieser Irrtum wird PARIKALPITA genannt. Von KLṚIP - regulieren und PARI - um. PARIKALPITA ist "das, was drumherum angeordnet ist". Zum Beispiel: Dein physischer Körper ist um dein ASTRAL angeordnet - das Astral um deinen Gedankenkörper. Doch all diese Körper sind **vergänglich** und "eine Illusion, produziert vom Irrtum" oder PARIKALPITA. Nur die Monade ist **selbst-existent** und EWIG, das heißt, frei von Dauer. Wenn du denkst, dass dein physischer oder astraler oder der Körper niederen Denkens **selbst-existierend oder ewig** ist, dann irrst du und bist im Zustand von PARIKALPITA.

PÂTÂLA - पाताल

SIEBENTE und NIEDERSTE TALA oder Materie-Seite der niedersten spirituellen universellen Ebene (oder LOKA). Enthält den physischen Körper des

---

67 Obwohl einige Schriften sagen, dass dieser GROSSE ATEM zu BRAHMA gehört. Doch *DAS BUCH DES LICHTS* sagt: ALLES muss in das EWIG UNERKLÄRBARE versinken und daraus wieder erwachen, es sei denn, trishna ist überwunden. OM.

Menschen und das persönliche Selbst, Naturgeister (Gnome, Elfen usw.) und Tiere. All diejenigen, deren Bewusstsein sich auf der Ebene der Selbstsucht, der Selbsterhaltung, der Befriedigung der Sinne usw. befindet, sind mit PÂTÂLA verbunden. PÂTÂLA wird deshalb auch "HÖLLE" genannt. "Unschuldige" Kinder leben ihr NEGATIVES KARMA von früheren Leben in PÂTÂLA aus.

### PAURUSHA - MANVANTARA - पौरुषमन्वन्तर

Von PURUSHA - Mensch. PAURUSHA - MANVANTARA ist eine Periode der Aktivität des Menschen oder "das Leben des individuellen Menschen".

### PAURUSHA - PRALAYA - पौरुषप्रलय

TOD des INDIVIDUELLEN MENSCHEN bzw. seiner Beilegungen.

### PIŚÂCHA - पिषाच

Der ASTRALKÖRPER eines sehr bösen Menschen kann sich nach dem Tod nicht vollständig auflösen, also verlässt er die ASTRALE HÜLLE oder KÂMA-RÛPA auf der ASTRALEBENE, während die Seele in den meisten Fällen während der Lebenszeit des physischen Menschen entfloh. Diese astrale Hülle, immer noch voller NIEDERSTER Emotionen, Gedanken und Verlangen ist (oder kann sein) ein PIŚÂCHA. Aber ein PIŚÂCHA ist auch ein CHHÂYÂ oder die ASTRALFORM der ERSTEN ASTRALEN RASSE oder ERSTEN WURZEL-RASSE. *DAS BUCH DES LICHTS* stimmt nicht überein mit den PURÂṆAS, wo die PIŚÂCHAS "TEUFEL"[68] genannt werden, wenn sie in Wahrheit einfach die riesigen Astralformen der ersten Rassen des Menschen waren.

### PITṚI - पितृ

Die Ausstatter des SIEBENFÄLTIGEN Menschen nach dem Wiedererwachen allen universellen Lebens vor mehr als hundert Billionen weltlichen Jahren. Die SOLARPITṚIS statteten die höheren unsterblichen monadischen Teile des Menschen aus, die LUNAREN PITṚIS die niederen, als da sind: KÂMA, LINGA, PRÂṆA, STHÛLA). PITṚI - Vater.

### PRADHÂNA - प्रधान

Der Schleier zwischen unserem Geist und der Wahrheit ist der physische Körper. Der Schleier des BRAHMAN oder der Supermonade ist PRADHÂNA.

68 Oder weibliche Dämonen.

Wir können sogar BRAHMAN[69] nicht begreifen Wegen dieses Schleiers um BRAHMAN, welcher PRADHÂNA ist oder auch das spirituelle Gegenstück von BRAHMAN (universelles Selbst). Von DHÂ - platzieren und PRA - vorher. Daher: PRADHÂNA ist die Hülle von BRAHMAN. OM.

### PRAJÂPATI - प्रजपति

Von PATI - HERR und PRAJÂ - Nachkomme. BRAHMÂ ist PRAJÂPATI und bedeutet 'Der Herr der Nachkommen', denn er/es beinhaltet **zwölf** Produzenten des Lebens auf diesem Planeten. Man könnte sie auch die HIERARCHIE oder HIERARCHEN <u>aller</u> Klassen von Monaden - von der niederen elementalen Monade bis zum höchsten individualisierten Gottesfunken - nennen. PRAJÂPATI - auch von JAN - produzieren, PRA - hervor. Viele PURÂṆISCHE Sagen sind verschleierte Erzählungen einer kosmischen Tatsache, nämlich - der Abstieg unserer HÖHEREN MONADEN durch alle KOSMISCHEN EBENEN oder Sphären.

### PRAJÑÂ - प्राज्ञ

Wenn du erst einmal wirklich NICHT-SELBST-ERKENNEND bist, hast du Weisheit erreicht. PRAJÑÂ ist wahre Weisheit oder "GÖTTLICHE INTUITION". Von JÑÂ - verstehen, wissen und PRA - vorher, also ist PRAJÑÂ Vorwissen. PRAJÑÂ ist EINE der PÂRAMITAS. OM.

### PRÂKṚITIKA - MANVANTARA - प्राकृतिकमन्वन्तर

Manifestierte Existenz in der Natur. Von PRÂKṚITI - Natur und MANVANTARA - Periode kosmischer Aktivität.

### PRÂKṚITIKA - PRALAYA - प्राकृतिकप्रलय

UNIVERSELLE AUFLÖSUNG **aller** Formen, immer einem PRÂKṚITIKA - MANVANTARA folgend.

### PRALAYA - प्रलय

Von PRA - weg, entfernt und LAYA - von LÎ - auflösen. Beim PRALAYA löst sich jedes manifestierte oder sichtbare Ding auf in die Unsichtbarkeit. Und

---

69 Nicht zu sprechen von PARABRAHMAN.

doch IST es. Hier haben wir das Phänomen, dass Dinge aufhören können zu sein und doch weiterhin existieren. Hier haben wir die WAHRE Bedeutung von Shakespears Frage "Sein oder Nichtsein?" Tatsache ist, dass beim PRALAYA viele zur Quelle zurückkehren, welche in jedem Falle EINS ist. Das geschieht beim Tod eines Menschen, Planeten oder sogar des gesamten Universums. In letzterem Falle werden ALLE Wesenheiten wieder in den Urgrund gezogen.

### PRÂṆA - प्राण

PRÂṆA ist das Lebensprinzip im Menschen oder auch das SECHSTE PRINZIP von oben. Der PRÂṆA- oder ätherische Körper stirbt unmittelbar nach dem physischen und verlässt den Astralkörper zur Auflösung. Von AN - atmen und PRA - weiter. Doch PRÂṆA ist nicht nur das SECHSTE, PRÂṆA ist in jedem Teil des SIEBENFÄLTIGEN MENSCHEN[70], doch individuell verschieden. PRÂṆA emaniert vom höchsten Prinzip im Menschen, von ÂTMAN und wird (hier unten) in Lebensenergie transformiert. PRÂṆA ist der Expirationsatem. Übe Seelenatem Meditation, und du wirst verstehen…

### PRÂṆAMAYA - KOŚA - प्राणमय कोष

Der Mensch ist SIEBENFÄLTIG, die VEDAS machen daraus SECHS mit dem SIEBENTEN, der die anderen sechs durchdringt. Diese Vehikel werden in der VEDANTISCHEN Klassifikation KOŚAS genannt. Der PRÂṆAMAYA - KOŚA ist der Astralkörper + der PRÂṆAKÖRPER, vereint in EINEM. Mit anderen Worten: Ein Adept kann in seinem physischen Körper existieren oder (in den VEDAS) in seinem ANNA MAYA KOŚA und zur gleichen Zeit, wenn notwendig, tausend Meilen entfernt in seinem ASTRO-ÄTHERISCHEN Körper.

### PRÂṆÂTMAN - प्राणात्मन्

Das vital - persönlich-ätherische Selbst in uns, welches das Vehikel für Bewusstsein auf dieser Ebene[71] ist.

### PRÂṆÂYÂMA - प्राणायाम

Von PRÂṆA - atmen und ÂYÂMA - zurückhalten. PRÂṆÂYÂMA kann extrem gefährlich sein, wenn der Atem dazu gezwungen wird, sich anders zu

---

70 Konsequenterweise gibt es auch SIEBEN PRÂṆAS.

71 Und das PHYSISCHE? Ist nur eine WIRKUNG von PRÂṆA - durch das ASTRAL gepumpt.

verhalten als es der eigenen Natur entspricht. HATHA - YOGA, kombiniert mit dieser Form des PRÂṆÂYÂMA, führt in fast allen Fällen zu Idiotie und zu mentalen Störungen.

### PRATYÂHÂRA - प्रत्याहार

PRALAYA wird von PRATYÂHÂRA verursacht, weil PRATYÂHÂRA RÜCKZUG bedeutet. Im Falle von PRALAYA wird manifestierte Substanz in höhere Sphären zurückgezogen. OM. Doch PRATYÂHÂRA ist es auch, "wenn du dein BEWUSSTSEIN nach INNEN zurückziehst in Richtung spiritueller Dinge" (Tyberg). Das muss bei der Seelenatem Meditation gemacht werden, was in vollständiger Kontrolle der Sinne resultiert. DANN bist du auf der FÜNFTEN Stufe des YOGA.

### PRATYEKA - BUDDHA - प्रत्येक बुद्ध

Von PRATI - für und EKA - eins. Ein Anhänger des PRATYEKA - PFADES sucht NIRVÂṆA nur für sich selbst, ohne sich um andere zu kümmern, doch selbstverständlich ohne sie zu verletzen. Er wird tatsächlich NIRVÂṆA erlangen. Die Veden lehren: In einem anderen MANVANTARA wird er wieder zurückgeworfen auf DAS RAD DES LEBENS, und **dann** wird er Gelegenheit haben, seine barmherzigere Seite zu entwickeln. Dem ist nicht so, es sei denn durch eigene Entscheidung.

### PRATYEKA - YÂNA - प्रत्येक यान

Ein PRATYEKA - BUDDHA ist dem PRATYEKA - YÂNA oder "Pfad für sich selbst" gefolgt. Jeder, der nach Frieden und Weisheit nur für sich selbst strebt, ist ein PRATYEKA - YÂNA. Er wird NIRVÂṆA behalten, doch es ist ein niederes NIRVÂṆA als das, dem der BUDDHA entsagte … Na und?

### PRAVṚITTI - प्रवृत्ति

Von VṚIT - fließen und PRA - hinaus. PRAVṚITTI "fließt heraus" bzw. ist das, was sich von innen heraus entfaltet - EVOLUTION.

### PṚITHIVÎ - BHÛTA - पृथिवी भूत

Das manifestierte Gegenstück des ERDPRINZIPS oder: Das Erdprinzip oder TATTVA ist die KOSMISCHE QUELLE des manifestierten Elements oder

RUDIMENTÄRE Materie, genannt PṚITHIVÎ- BHÛTA oder Erdprinzip. Doch dieses Prinzip ist eine Wesenheit oder MAHÂ - BHÛTA, was die Ursache ist für das spätere ELEMENT, ERDE genannt.

PUNARJANMAN - पुनर्जन्मन्

Von PUNAR - wieder und JANMAN - Geburt. PUNARJANMAN ist WIEDERGEBURT oder REINKARNATION, ein Prozess, verursacht durch tṛishṇa.

PURÂṆA - पुराण

PURÂṆA bedeutet URALT. Die PURÂṆAS sind uralte Sagen und archaische Traditionen das UNIVERSUM und die menschliche Rasse betreffend. Sie sind hochwissenschaftlich, doch verschleiert in ALLEGORIEN, vom Lehrer an den Schüler weitergegeben aus dem Gedächtnis. Älter ist nur *DAS BUCH DES LICHTS*. OM.

PURUSHA - पुरुष

PURUSHA bedeutet MENSCH, jedoch den IDEALEN Menschen oder das HÖHERE SELBST in dir. Und weil der GEIST dich "erfüllt", vervollkommnet, dich bekleidet, bedeutet PURUSHA - erfüllen, vervollständigen, bekleiden. PURUSHA ist auch der zeitlos ewige monadische Geist, der das UNIVERSUM oder ein Sonnensystem erfüllt. Von PṚÎ - füllen, vervollständigen, bekleiden.

RAHASYA - रहस्य

*DAS BUCH DES LICHTS* ist RAHASYA oder GEHEIMNISVOLLE WAHRHEIT. Von RAH - trennen, teilen. Warum ist "trennen" oder "teilen" verbunden mit ABSOLUTEM WISSEN oder WAHRHEIT? Wegen PARABRAHMAN. Alles manifestierte ist BEGREIFBAR, doch PARABRAHMAN ist jenseits des VERSTÄNDNISSES.

RAJA - रज

Staub.

RÂJAN - राजन्

Von RÂJ - regieren, herrschen. RÂJAN ist ein KÖNIG und RÂJA ist die Nominativ Form von König.

RÂJA - YOGA - राजयोग

Yoga der höchsten Ordnung, denn es werden die spirituellen Teile in dir entwickelt. Außerdem wird die KRONENCHAKRA erweckt - daher RÂJA - YOGA. *DAS BUCH DES LICHTS* lehrt CHAKRA YOGA.

RÂKSHASA - राक्षस

Für viele Inder ist es "ein Teufel", doch *DAS BUCH DAS LICHTS* lehrt, dass die RÂKSHASAS böse Riesen der späten atlantischen Rasse waren. Doch bevor sie böse wurden, empfingen sie den Namen "Beschützer" oder RÂKSHASAS. Von raksh - beschützen.

RÂMA - राम

Ein AVATÂR.

RÂMÂYANA - रामायन

Ein ALTES EPOS, welches die Abenteuer des AVATÂRS RÂMA erzählt. Von AYANA - die Abenteuer.

RASA - रस

RASA ist - Geschmack. RASA bringt Wasser zur Welt..., was bedeutet, dass Geschmack zuerst da war und Wasser verursachte. Wie kann das sein? Brauchen wir nicht zuerst Wasser, um es zu schmecken? Die Antwort lautet: Jedes manifestierte Ding hat seine Wurzel im Abstrakten. MAHAT oder das UNIVERSELLE DENKEN enthielt und enthält die Sinne (zuerst abstrakt) als Werkzeuge, Erfahrung in der manifestierten Welt zu erreichen. Um Erfahrung zu sammeln, brauchen sie ein Vehikel, nämlich manifestierte oder grobe Elemente wie zum Beispiel Wasser, welche wiederum devische Gewänder sind. Doch Wasser kann hauptsächlich oder gründlich erfahren werden durch Geschmack[72]. Also schafft Geschmack Wasser. Deshalb: Reduziere die Sinneslüste, und das Leid bringende Universum wird verschwinden. OM.

RASÂTALA - रसातल

Vierte materielle Welt von oben (und von unten). Was immer du mit den Sinnesorganen wahrnehmen kannst, geschieht in (und bringt dich nach)

---

72 Anhaftung an Geschmack führt zur Krankheit des Körpers und zu einer neuen, leidvollen Wiedergeburt.

RASÂTALA. Löse dich von RASÂTALA. Befasse dich nicht zu sehr mit den Dingen der Sinne…

RATNAM RATNENA SAṂGACHCHHATE

रत्नम् रत्नेन संगच्छते

Ein Juwel kommt mit einem Juwel zusammen. Oder: Gleich zu gleich gesellt sich gern…

RATNÂNI - रत्नानि

RATNA ist Juwel, RATNÂNI sind die "SIEBEN JUWELEN DER WEISHEIT". Es gibt SIEBEN Schlüssel oder Juwelen zu Weisheit und Einweihung.

I. PUNARJANMAN oder Wiedergeburt
II. KARMAN - Gesetz von Ursache und Wirkung
III. LOKAS und TALAS - Spirituelle und materielle Welten
IV. SVABHÂVA - die essentielle Eigenschaft eines jeden Wesens
V. PRAVRITTI, NIVṚITTI - Evolution, Involution
VI. AMRITA-YÂNA, PRATYEKA-YÂNA - der "Pfad der Unsterblichkeit", der "Pfad eines jeden für sich selbst"
VII. ÂTMA-VIDYÂ- universelles Wissen, welches aus Selbsterkenntnis bzw. der Kenntnis dessen, was man essentiell NICHT ist, resultiert, denn: Wie oben so unten.

RÂVAṆA - रावण

Ein Dämon, erobert von RÂMA, dem AVATAR.

ṚIG VEDA - ऋग्वेद

Das älteste VEDA, welches (noch) nicht einmal BRAHMÂ oder Anbetung enthielt. Die "Orienalisten" irren alle mit ihrer Annahme, das RIG VEDA sei zwei, drei- oder fünftausend Jahre alt. Die RIG VEDA Schriften enthüllen Weisheit und Wissen von MILLIONEN von Jahren und werden nur vom *BUCH DES LICHTS* übertroffen.

ṚISHI - ऋषि

Weise der alten Zeit, die mündliche Offenbarungen von göttlichen Wesen erhielten. Doch die SIEBEN ṚISHIS sind auch die Personifikationen oder MANIFESTATIONEN der SIEBEN STRAHLEN. OM.

ROOT - MANU (WURZELMANUS)

Die DHYÂNI-CHOHANS, die sich als Gesamtheit oder Gruppe vereinen und zum Beginn oder Wiedererwachen eines jeden MANVANTARA erscheinen.

RÛPA - रूप

KÖRPER oder Form.

RUTA - रुत

Indischer Name für ATLANTIS. SANSKRIT wurde abgeleitet von den RUTAS oder ATLANTERN, die in die Rasse der ÂRYA transformierten.

ŚABDA - शब्द

ŚABDA ist Klang und eins der fünf TANMÂTRAS oder "rudimentären Elemente". ŚABDA oder Klang schafft Äther. OM MANI PADME HUM schafft den HÖCHSTEN Äther.

SACHCHIDÂNANDA - सच्चिदानन्द

Von SAT - Wirklichkeit, CHIT - Bewusstsein, Intelligenz, reines Denken und ÂNANDA - Glück, Glückseligkeit. Das ist der SEINSZUSTAND von BRAHMAN. Sei in SACHCHIDÂNANDA, und du bist eins mit BRAHMAN. OM. Doch um dich an SAT, CHIT und ÂNANDA oder SACHCHIDÂNANDA zu erfreuen, musst du MOKSHA oder NIRVÂṆA erreicht haben.

ŚAIVA - शैव

Adjektiv von ŚIVA. ŚAIVA ist auch eine Sekte des modernen HINDÛISMUS. Die ŚAIVAS beten ŚIVA[73] an.

SAKKÂYADIṬṬHI - सक्कायदिट्ठि

Pali, bedeutet "falsch" oder Irrglaube der Persönlichkeit. Von SAT - Wesen, KÂYA - Körper, DIṬṬHI - falscher Glaube. SAKKÂYADIṬṬHI ist der "falsche

73 Anbetung - der Anfang vom Ende...

Glaube" an die externe Existenz von Körper oder Persönlichkeit." Mit anderen Worten: Der Körper existiert nicht einmal (im Vergleich zur Monade). Er ist einfach ein uns quälender Verlangenszustand.

### SAKRIDÂGÂMIN - सकृदागामिन्

Einer, der (fast) befreit ist und der deshalb noch EINMAL wiedergeboren wird, ist ein SAKRIDÂGÂMIN. Von SAKṚIT - einmal und ÂGÂMIN - einer kommt oder eben "ein nochmal Wiederkommender".

### ŚÂKTA - शाक्त

Adjektiv von ŚAKTI, was der weibliche Aspekt von ŚIVA und allem anderen ist. Ein ŚÂKTA ist ein Anbeter dieser weiblichen Personifikation von ŚIVA, dem wohltätigen Zerstörer von ALLEM, das die Wesenheit essentiell nicht ist.

### ŚAKTI - शक्ति

Siehe Definition unter ŚÂKTA.

### ŚÂKYA - शाक्य

Adjektiv von ŚAKA. Eine Gruppe von Landbesitzern und Herrschern von KAPILAVASTU wurde ŚAKA genannt. Und da BUDDHA als Herrscher oder PRINZ von KAPILAVASTU geboren wurde, nannte man ihn den Weisen von ŚÂKYA oder ŚÂKYA-MUNI. Ein buddhistischer Bettler wird auch ŚÂKYA genannt.

### ŚÂKYAMUNI - शाक्यमुनि

Siehe ŚÂKYA.

### SAMÂDHI - समाधि

Von ÂDHÂ - lenken, richten und SAM - zusammen. Wenn du in SAMÂDHI bist, verlierst du das Bewusstsein der Individualität. Du vereinst dich nicht mit dem UNIVERSUM, das UNIVERSUM erfüllt den Meditierenden. SAMÂDHI ist (fast) NIRVÂṆISCH und kann von einem kurzen Moment sogar bis zu Stunden und Tagen andauern. Wenn du in SAMÂDHI bist, bist du bewusst in deinem ÂTMA[74]. OM.

74 Oder du hast KOSMISCHES BEWUSSTSEIN.

SAMÂNA - समान

Einer der sieben lebenswichtigen Atemzüge. SAMÂNA ist verantwortlich für Verdauung und Assimilation und hält den chemischen Prozess im Körper aufrecht. Von SAM - zusammen und AN - atmen.

ŚAMBHALA - शम्भल

Von ŚAM - Glück und BHALA - die Sonne. Ein geheimer Ort für die WEISSE BRUDERSCHAFT, gelegen irgendwo im Hochland von TIBET und geschützt durch ätherische Barrieren.

SAMBHOGAKÂYA - सम्भोगकाय

Eins der TRIKÂYAS oder der drei herrlichen Gewänder im Besitz der Hierarchie. Das SAMBHOGAKÂYA ist das zweite Gewand (von oben) oder der Ätherkörper, in welchem die Wesenheit (ein BUDDHA zum Beispiel) NIRVÂṆA erfahren kann, ohne das Selbstbewusstsein vollständig zu verlieren. Und DARUM ist es richtig, einerseits NIRVÂṆA als vergänglich zu sehen, aber auch als zeitlos ewig. Man löse das Rätsel.

SAṂSKÂRA - संस्कर

Von KṚI - tun, machen und SAM - zusammen. SAṂSKÂRA ist eine der NIDÂNAS. Wenn wir - was meist der Fall ist - unter dem Einfluss von ILLUSION oder falschem Verständnis handeln, **dann** verursachen wir KARMISCHE RESULTATE, welche in dem Falle SAṂSKÂRA genannt werden.

SAMVṚITI - संवृति

Von VRIT - drehen und SAM - bedecken, verstecken. SAMVṚITI ist alles, was eine falsche Vorstellung der Dinge darstellt, erreicht bzw. verursacht durch die MÂYÂVISCHE NATUR DER MATERIE.

SAMVṚITI - SATYA - संवृत्ति सत्य

Relative Wahrheit[75]. Von SAMVṚITI - falsche Vorstellung und SATYA - Wahrheit. Was ist höchste oder wirkliche Wahrheit? Das, was JENSEITS der mâyâvischen Erscheinung der Dinge, PARAMÂRTHA-SATYA, liegt. OM.

75 Sie wussten es lange vor Einstein: Alles ist relativ. Auch Nirvāṇa ist anattā. OM.

SAMYAK - SAMBUDDHA - सम्यक्संबुद्ध
Von SAMYAK - vollkommen und SAMBUDDHA - voll erwacht (spirituell). BUDDHA wurde SAMYAK - SAMBUDDHA genannt, denn er war tatsächlich von Grund auf spirituell erwacht und vollständig erleuchtet.

SANDHI - सन्धि
SANDHI ist Vereinigung oder Verbindung. Von SAṂDHÂ - beitreten, vereinen. Wenn sich Nacht und Tag vereinen, ist es SANDHI oder Morgendämmerung, was auch zutrifft auf den Beginn oder das Wiedererwachen von BRAHMÂ zu SANDHI bzw. der Dämmerung eines MANVANTARA (oder zwischen den YUGAS oder KALPAS).

SANDHYÂ - सन्ध्या
Kosmische Dämmerung oder nachdem BRAHMÂ zu VISHṆU geworden ist und sich dann ŚIVA und die Kette langsam auflösen[76] oder sich einfach in Dunkelheit befinden (nach jeder Runde).

SANDHYÂNŚA - संध्यांश
Ein Teil oder Abschnitt oder ANŚA der DÄMMERUNG.

ŚANI - शनि
♄ SATURN, einer der SIEBEN HEILIGEN PLANETEN.

SAÑJÑÂ - सञ्ज्ञा
Alle abstrakten Ideen oder abstraktes Bewusstsein ist SAÑJÑÂ.

SAÑJÑÂ. - VESHIN - सञ्ज्ञावेषिन्
VESHIN ist eine Robe, aber keine physische, sondern eine spirituelle, zum Beispiel die "Robe des Bewusstseins", in welcher oder mit welcher der Neophyt den Pfad betritt und später NIRVÂṆA erlangt. Von JÑÂ - wissen, SAM - völlig und VESHIN - Robe (von VISH - sich kleiden).

ŚANKARA - शन्कर - ŚANKARA ist GESEGNET.

76 Nach SIEBEN RUNDEN.

ŚANKARÂCHÂRYA - शन्कराचार्य

ŚANKARÂCHÂRYA ist ein gesegneter spiritueller Lehrer. Ein Mann, der ŚANKARÂCHÂRYA genannt wurde, lebte von 788 n. Chr. bis 820 n. Chr. Er reformierte und intensivierte die VEDÂNTA Philosophie. Von ŚANKARA - gesegnet und ÂCHÂRYA - spiritueller Lehrer.

ŚANKHYA - शन्ख्य

KAPILA gründete die ŚANKHYA Schule. Und weil diese Schule das Universum und den Menschen nummeriert und in PURUSHA (oder Geist) und 24 TATTWAS oder manifestierte kosmische Prinzipien einteilt, wird sie ŚANKHYA genannt, was abgeleitet ist von SAṂKHYÂ - nummerieren. Befreiung des Geistes oder PURUSHA von den TATTWAS ist das Ziel der ŚANKHYA Schule.

SANNYÂSA - सन्न्यास

Entsage allen weltlichen Verpflichtungen und widme dein Leben HÖHEREN INTELLEKTUELLEN und SPIRITUELLEN Zielen, und du wirst ein SANNYÂSA sein, denn **dann** wirst du DHÂRAṆÂ, DHYÂNA und SAMÂDHI erreichen. Von AS - legen, NI - nieder und SAM - zusammen. SANNYÂSA bedeutet "entsagen, abwerfen, niederlegen".

SAÑÑAVEDAYITANIRODHA

Der höchste Zustand, die Aufhebung aller Wahrnehmung und Empfindung, aber nicht die Aufhebung desjenigen, der nichts mehr wahrnimmt und empfindet. DAS ist das TODLOSE. Man löse das Rätsel in der MEDITATION.

SANSKRIT oder SAṂSKṚITA[77] - संस्कृत

Alle arischen Sprachen sind von SANSKRIT abgeleitet. OM. SANSKRIT oder SAṂSKṚITA bedeutet "vervollkommnet", "geschliffen". SANSKRIT war und ist eine ursprünglich natürliche Sprache, bearbeitet in URALTEN TEMPELN und so vervollkommnet und zu dem geworden, was es jetzt ist. Doch was SANSKRIT wirklich ist, kann nur im *BUCH DES LICHTS* gefunden werden. Die Schrift von SANSKRIT ist DEVANÂGARÎ. OM.

---

77 Oder auch SANSCRIT. Geheime Bedeutung ("ohne Fehler") oder "ohne IRGENDETWAS, das kritisiert werden könnte". ( "Sans" - ohne, "crit" - Kritik), obwohl "KṚITA" vollkommen, gut gemacht" bedeutet.

SAPTA - सप्त

SIEBEN.

SAPTA - RATNÂNI - सप्त रत्नानि

Von SAPTA - sieben und RATNA- Juwel. Die "SIEBEN JUWELEN DER WEISHEIT" werden SAPTA - RATNÂNI genannt.

ŚÂSTRA - शास्त्र

Von ŚÂS - herrschen, lehren, verkünden. Eine ŚÂSTRA ist eine religiöse Schrift.

SAT - सत्

WAHRHEIT, SEIN (wenn auch vergänglich), WESEN, REALITÄT. Zum Beispiel: BRAHMAN ist SAT.

SATTVA - सत्त्व

Die Qualität der Reinheit, Wahrheit, Güte oder substanzielleRealität.

SÂTTVIKA - सात्त्विक

Adjektivform von SATTVA.

SATYA - सत्य

Von SAT - das, was wirklich ist, SATYA ist Wahrheit, Realität, nachdem der Schleier von MÂYÂ gelüftet ist.

SATYA - LOKA - सत्यलोक

ERSTE und HÖCHSTE spirituelle Sphäre.

SATYÂN NÂSTI PARO DHARMAḤ - सत्यान् नास्ति परो धर्मः

Von SATYÂN - als die Wahrheit, NÂSTI - ist nicht (na - nicht, asti - ist), PARO - höher, DHARMAḤ. Nominativ von Dharma - Wahrheit oder Religion. SATYÂN NÂSTI PARO DHARMAḤ - Es gibt keine Religion, die höher ist als die Wahrheit.

SATYA - YUGA - सत्ययुग

Eine der evolutionären Perioden der Sieben Großen Wurzelrassen. Von YUJ - vereinen. SATYA-YUGA wird auch KṚITA-YUGA genannt, was "ZEITALTER der Unschuld und Wahrheit" bedeutet, denn SATYA ist WAHRHEIT (oder auch $^{4}/_{4}$ der WAHRHEIT, während TRETÂ-YUGA nur $^{3}/_{4}$ der WAHRHEIT enthält). Von SATYA - Wahrheit, KṚITA - vollkommen.

SAURYA - MANVANTARA - सौर्यमन्वन्तर

Von SURYA - SONNE. SAURYA - MANVANTARA ist die Lebenszeit eines Sonnensystems, nämlich 7 x 7 Runden[78] eines jeden Planeten in diesem System[79]. Nach dieser Zeit "stirbt" die Sonne, die Monade zieht sich zurück bzw. wird in den Urgrund gezogen und neu projiziert. OM.

SAURYA - PRALAYA - सौर्यप्रलय

Dieselbe Länge wie das SAURYA-MANVANTARA, doch eine Periode der AUFLÖSUNG, welche einem SAURYA-MANVANTARA folgt.

SÂVITRÎ - सावित्री

Von SÛ - Beleben. SÂVITRÎ ist ein Vers des ṚIG - VEDA und beschwört die göttliche Sonne oder vielmehr die Wesenheit hinter der Sonne[80] oder die Wesenheit, welche die Sonne verursachte, so wie dein Geist den physischen Körper verursachte. SÂVITRÎ wird auch GÂYATRÎ genannt (von GAI - singen oder in einem Lied lobpreisen).

SAMEN MANU

Verschwindet am Ende der Runde, aber erscheint bereits bzw. wird nach dem Mittelpunkt der Runde vom Wurzelmanu zum SAMEN MANU transformiert.

SENZAR

Eine geheime Priestersprache, in welcher die GÖTTLICHEN WESENHEITEN den SÖHNEN DES LICHTS in Zentralasien das diktierten, was heute im *BUCH DES LICHTS* wiedererweckt wurde. Senzar kam vor Sanskrit. So kann

---

78 7 x 4.320.000.000 Jahre.

79 Wenn unser ESOTERISCHES SONNENSYSTEM.

80 Die SONNE ist nur der PHYSISCHE KÖRPER eines GEISTES und wiederum - wie alle Sonnen - von der ZENTRALEN SONNE verursacht.

SENZAR also die geheime Sprache der späteren Atlanter genannt werden, während SANSKRIT die geheime Sprache der ÂRYA-EINGEWEIHTEN war. SENZAR wird immer noch von den MAHÂTMAS benutzt.

**SHAḌÂYATANA[81] - षडायतन**

Von SHAḌ - SECHS und ÂYATANA - Ruheplatz oder Wohnort.
SHAḌÂYATANA sind "die sechs Sinnesorgane".
SHAḌÂYATANA ist die Ursache von … ÎSPARŚA, oder
BERÜHRUNG ist die Ursache von VEDANÂ oder
SINNESWAHRNEHMUNG ist die Ursache von TṚISHṆÂ oder
DURST NACH LEBEN ist die Ursache von UPÂDÂNA oder
SICH ANS IRDISCHE LEBEN KLAMMERN ist die Ursache von BHÂVA oder WERDEN und WIEDERKOMMEN[82] ist die Ursache von JARÂ-MÂRAṆA oder ALTER UND TOD sind die Ursache von JÂTI oder GEBURT.

**SIDDHA - सिद्ध**

bedeutet "vervollkommnet".

**SIDDHÂRTHA - सिद्धर्थ**

Gautama Buddha ist ein SIDDHÂRTHA oder "einer, der seine Bestimmung erreicht hat". Von SIDDHA oder SIDH - erreichen, erlangen, ARTHA - Ziel, Zweck.

**SIDDHI - सिद्धि**

Superphysische Kraft. Von SIDH - erreichen. Doch hüte dich vor den niederen Siddhis wie Hatha Yoga und anderen Formen der Konzentration auf den niederen Aspekt des Menschen. Sie trennen dich von deiner spirituellen Quelle.

**ŚÎLA - शील**

Von ŚÎL - dienen, ausüben. Sei einfach, freundlich, zurückhaltend und hingebungsvoll, und du erlangst ŚÎLA - den Schlüssel zu der Harmonie in Wort und Tat, den Schlüssel, der das Gleichgewicht zu Ursache und Wirkung bildet und der keinen Platz lässt für zukünftige karmische Handlungen. Wann

81 Doch SHAḌÂYATANA selbst ist eine der ZWÖLF NIDÂNAS und verursachte selbst SIEBEN VON IHNEN…

82 Kann auch KARMISCHES MITTEL genannt werden.

immer du handelst, ohne an eine Belohnung zu denken, wird dir das helfen, dich selbst von den Fesseln des Karma zu befreien. ŚÎLA ist einer der sieben PÂRAMITÂS oder "Schlüssel zu den Portalen von JÑÂNA oder Weisheit".

SIṂHA - सिंह

♌ Tierkreiskonstellation des LÖWEN.

ŚISHṬA - शिष्ट

Restbestände. Von ŚISH - übrigbleiben. Wenn sich die Lebenswelle während einer Planetenrunde auf den nächsten Globus bewegt, gibt es Wesenheiten, die auf dem Globus verbleiben, um zu astralen "Lebenssamen" allen Lebens oder aller Klassen zu werden, wenn sie einst in der nächsten Runde auf alle Globen zurückkehren. ŚISHṬAS gibt es auf jedem Globus: Sie warten auf die neue Lebenswelle (von Monaden) in der neuen Runde.

SÎTÂ - शीता

Die Frau von RÂMA.

SHIVA - शिव

SHIVA bedeutet "freundlich, gütig". Doch warum freundlich und gütig? SHIVA ist der Zerstörer aller Formen! Nun, ohne SHIVA gibt es keinen Fortschritt! Ehre sei SHIVA. Auch...

ŚIVA - शिव

Einer der acht Namen des Rudra, herrschende Gottheit auf Erden (maskulin).

ŚIVĀ - शिवा

Eine Gottheit und ein Fluss (feminin).

SKANDHA - स्कन्ध

SKANDHAS sind manifestierte Eigenschaften aller Aspekte (spirituell, mental, astral und physisch) eines Menschen. Wenn die Seele aufsteigt nach dem Tod des physischen Körpers, werden SKANDHAS auf allen Ebenen zurückgelassen, und diese SKANDHAS ziehen (nach DEVACHAN) den Geist zurück in die Reinkarnation. SKANDHA - Attribut, "Bündel".

**ŚLOKA - श्लोक**

Das epische Maß des SANSKRIT besteht aus 32 Silben und wird ŚLOKA genannt[83]. ŚLOKA ist ein Vers.

**SMṚITI - स्मृति**

Esoterische Lehren, nicht aufgeschrieben, doch weitergegeben aus Tradition, also bedeutet SMṚITI "woran man sich erinnert", daher auch "itimayasrutam".

**SOLAR KALPA**

EIN Solar Kalpa ist "SIEBEN TAGE VON BRAHMÂ" oder 7 x 4.320.000.000 Jahre. Auch MAHÂ KALPA oder großes KALPA genannt.

**SOMA - सोम**

☽ Der MOND.

**SPARŚA - स्पर्श**

Eine (die sechste) der "12 Ursachen der Existenz" oder NIDÂNAS. SPARŚA ist "berühren oder kontaktieren". Von SPṚIŚ - berühren.

**ŚRAMA - श्रम**

Von ŚRAM - arbeiten, sich anstrengen. Einer, der bewusst nach einem spirituellen Ende strebt bzw. dafür arbeitet, wird ŚRAMAṆA (श्रमण) genannt.

**ŚRÂVAKA - श्रावक**

Von ŚRU - hören, zuhören. Ein Schüler, der esoterische Lehren empfängt, ist ein ŚRÂVAKA, auch ein Chela oder LANOO oder LANOO - ŚRÂVAKA, nämlich "CHELA-ZUHÖRER".

**ŚRÎMAD - BHAGAVAT - श्रीमद् भगवत्**

Der Teil des BHAGAVAD - GÎTÂ, in welchem KṚISHNA, der AVATAR, ARJUNA unterrichtet. Das BHAGAVAD - GÎTÂ ist ein Teil des MAHÂBHÂRATA. Die BHÂGAVATA-PURÂNA wird auch ŚRÎMAD-BHAGAVAT genannt. Von ŚRI - Licht oder Glanz ausstrahlen. Der LEHRER erstrahlt in Licht oder Glanz. OM.

---

83 Ein Metrum, das aus 4 x 8 Silben besteht.

## SROTÂPATTI - स्रोतापत्ति

Wenn du die unwirkliche für die WIRKLICHE Welt oder die MATERIELLE Welt für die SPIRITUELLE Welt aufgibst, und wenn du der Gottheit in dir dienst, DANN bist du ein SROTÂPATTI. Von SROTA - Strom und ÂPATTI - jemand, der eintritt. Wenn du einmal den Pfad betrittst, der nach NIRVÂṆA führt, bist du bereits ein SROTÂPATTI.

## ŚRUTI - श्रुति

Von ŚRU -hören. Alle Lehren, die GEHÖRT wurden oder alle von den ṚISHIS der alten göttlichen Wesenheiten direkt weitergegebenen Lehren. SPÄTER wurden sie aufgeschrieben. So erhielten wir die SMṚITIS oder jene esoterischen Lehren, an die man sich "erinnert" hat und die ŚRUTIS, die gehört wurden, was anzeigt, dass die ŚRUTIS näher an der Quelle und der WAHRHEIT[86] gewesen sein müssen (und SIND). Doch sie ALLE und viele andere sind jetzt VEREINT im *BUCH DES LICHTS*. OM.

## STHÛLA - ŚARÎRA - स्थूलशरीर

Von STHÛLA - grob, dicht und ŚARÎRA - unbeständige Form. Von ŚṚÎ - wegwerfen. STHÛLA - ŚARÎRA[87] ist dein physischer Körper. Wenn konkrete Formen atomaren Lebens vom LINGA-ŚARÎRA oder ASTRALKÖRPER strömen, dann bilden sie den PHYSISCHEN Körper oder den STHÛLA - ŚARÎRA. OM.

## STHÛLOPÂDHI - स्थूलोपाधि

Während des bewussten Wachzustandes bist du in STHÛLOPÂDHI, was ein subtiles oder feines Vehikel ist, welches LEBENSKRAFT, ASTRALKÖRPER und PHYSISCHEN Körper umfasst. STHÛLOPÂDHI ist ein Begriff, verwendet in TÂRAKA-RÂJA-YOGA, was vielleicht die philosophischste und esoterischste der BRAHMÂNISCHEN YOGA SCHULEN oder Systeme ist.

---

86 Die SRUTIS beinhalten die Vedas oder Veden einschließlich der Mantras und Brahmanas und Upanishads. Die SMṚITIS enthalten die Vedānta, die Sutras, das Mahābhārata, das Rāmāyaṇa, die Purāṇas, die Dharma-Śāstrā. Doch BDL lehrt: Shrutis haben einen höheren Stellenwert, da sie eine nahezu vollkommene Fortsetzung der BDL-Lehre sind, welche den Rishis enthüllt wurde. OM.

87 Oder: Schaumartig, voller Löcher.

ŚÛDRA - शूद्र

ŚÛDRAS ist der Name für Diener oder Arbeiter. Die ŚÛDRAS sind eine der vier Kasten der frühen Zivilisation in INDIEN.

SÛKSHMOPÂDHI - सूक्ष्मोपाधि

Wenn du in dein NIEDERES DENKEN und dein VERLANGENSPRINZIP oder KÂMA-MANAS "gekleidet" bist, bist du in deinem SÛKSHMOPÂDHI. Es ist auch der SÛKSHMOPÂDHI, in welchem du den Schlaf - Traum - Zustand erfährst.

SÛKTA - सूक्त

HYMNEN und BESCHWÖRUNGEN.

SUMERU - सुमेरु

Ein heiliger Berg oder Wohnort der GÖTTER, gelegen am NORDPOL. SUMERU war auch das Herz des ersten Kontinents der menschlichen Rasse.

ŚÛNYA - शून्य

"leer", Leere.

ŚÛNYATÂ - शून्यता

TÂ[88] ist eine Substantivendung. ŚÛNYATÂ ist "DIE LEERE" und somit ein Name, gegeben dem GRENZENLOSEN ALLES und der WAHREN NATUR von allem, die in der LEERE oder ŚÛNYATÂ besteht. Doch ŚÛNYATÂ ist auch die "MYSTISCHE FÜLLE", was kein Widerspruch ist, denn was "LEERE" für uns ist, ist "FÜLLE" für den SEHER. OM.

SÛRYA - सूर्य

☉ Die SONNE.

88 Derselbe Suffix wie -TAS im Latainischen (Trinitas, Vacuitas usw.), oder wie das englische -TY (eternity, unity, vacuity), daher ist ŚÛNYATÂ in Wahrheit VACUITY - Leere (LEERE, oh Lanoo, ist die EINZIGE REALITÄT).

SÛRYA - SIDDHÂNTA - सूर्य सिद्धान्त

Ein astronomisches Werk des alten Indiens. Das SÛRYA - SIDDHÂNTA ist mehr als zwei Millionen Jahre alt. Es wurde dem großen atlantischen Astronom und Wissenschaftler Asuramaya von den Solargöttern diktiert. Von SÛRYA - Sonne und SIDDHÂNTA. Zusammengesetzt aus SIDDHA - vollkommen und ANTA - Fertigstellung. Also ist das SÛRYA - SIDDHÂNTA eine perfekte Abhandlung der Solargötter. Die Vollendung des sūryasiddhānta ist *DAS BUCH DES LICHTS*.

SUSHUPTI - सुषुप्ति

Zustand des Tiefschlafs, in welchem nur unser höheres Denken oder MANAS bewusst ist. Ich zitiere Dr. de Purucker: "Es ist ein solch intensives Bewusstsein, so stark, so spirituell, das so weit reicht, dass das arme begrenzte Hirn … es nicht festhalten oder aufzeichnen kann." BDL fügt hinzu: Tiefschlaf ist dem NIRVÂṆA sehr nahe.

SUTALA - सुतल

Dritte materielle Ebene oder TALA von oben. SUTALA bedeutet "guter Ort", doch nur gut für die Materie. Mit anderen Worten: Wenn dein Denken das eines Sklaven des niederen Verlangens ist, dann bist du in SUTALA. Von SU - gut und TALA - Materie. Wie kommst du raus aus SUTALA? Verlasse den abwärts führenden Pfad …

SÛTRA - सूत्र

Von SIV - nähen. SÛTRA ist eine Regel, ein Prinzip, ein Faden, der sich durch alles zieht. SÛTRA ist ein Aphorismus oder eine Schrift, die kurze Aussagen zu fast jedem Thema enthält.

SÛTRÂTMAN - सूत्रात्मन्

Das Selbst ist auch wie eine Bedrohung des Bewusstseins, welche durch alle Ebenen deiner SIEBENFÄLTIGEN Wesenheit führt. Ihre Wurzel liegt im Herz des Universums. Oder: Das SÛTRÂTMAN ist dieser ewige Pilgerer in dir, der eine Individualität ist und konstant wiedergeboren wird, es sei denn … Von SÛTRA - Bedrohung und ÂTMAN - selbst.

### SUTTA - सुत्त

Die philosophischen Lehren des BUDDHA sind enthalten (als moralische Vorschriften) in den BUDDHISTISCHEN SUTTAS.

### SVABHÂVA - स्वभाव

Welche wesentlichen Merkmale ein Ding auch hat, es ist SVABHÂVA. Ein Diamant hat eine andere SVABHÂVA als ein Opal, eine Rose eine andere als eine Wasserlilie, und du hast eine andere SVABHÂVA als ich. Die Natur wiederholt sich nie im Detail, doch immer allgemein. Jede SVABHÂVA eines jeden Dinges ist anders, was eben jedes Ding individuell macht. Es gibt im ganzen Universum nicht zwei Atome, die sich gleichen, und doch sind sie alle Monaden in Manifestation.

### SVABHAVAT - स्वभवत्

Buddhistischer Begriff. Von SVA - selbst und BHAVAT - "das, was wird". Wieder ist SVABHAVAT hier die spirituelle Quelle und das Wesen oder "das Selbst" von allem, was manifestiert ist. Das buddhistische SVABHAVAT kann verglichen werden mit dem kosmischen Vater-Mutter oder dem VEDÂNTISCHEN PARABRAHMAN-MÛLAPRAKṚITI oder dem SUPER-WURZELLOSEN Wurzelgeist und der Urmaterie Mūlaprakriti oder auch mit ÂKÂŚA (der ersten schwachen Emanation von MÛLAPRAKṚITI, wo Geist und Materie EINS sind oder auch mit ÂDI-BUDDHI, der "ursprünglichen göttlichen Intelligenz" oder auch der "Gesamtsumme der universellen Intelligenz einschließlich der der DHYÂN CHOHANS (sogar der höchsten Ordnung)[89]".

### SVÂBHÂVIKA - स्वाभाविक

Adjektiv von SVABHÂVA. SVÂBHÂVIKA ist auch der Name einer mystischen Schule des Buddhismus, deren Ziel SELBSTWERDUNG ist. Das *BUCH DES LICHTS* lehrt: Das Selbst kann man nicht werden, das ist man schon.

### SVAPNA - स्वप्न

Wenn du im Traum, im Schlaf oder auch nach dem Tod astrale Ebenen durchquerst, bist du im Zustand von SVAPNA oder eines SCHLAF-TRAUM-BEWUSSTSEINS.

---

89 Master K.H., MAHÂTMA BRIEFE an A.P. SINNET.

SVARA - स्वर

Von SṾRI - einen Ton ausstoßen. SVARA ist die INDIVIDUELLE Schwingung einer jeden Person. Jeder von uns hat seine besondere Schwingung bzw. seinen besonderen Ton. Erschaffe den Ton einer Person neu, und du hast Macht über diese Person. Schwingungswaffen sind die fürchterlichsten Waffen. Wahrscheinlich sind wir bereits unter deren Einfluss.

SVARGA - स्वर्ग

Himmel. Devachan ist ein anderes Wort dafür. Von SVAR - Wohnort des Lichts, GA - gehen.

SVAR - LOKA - स्वर्लोक

Fünfte LOKA von oben oder fünfte spirituelle Sphäre von oben. Nach dem Tod genießt das menschliche Wesen den Himmel DEVACHAN, und das geschieht in SVAR - LOKA, mit Ausdehnung bis zum Polarstern.

SVA - SAMVEDANA - स्वसंवेदन

Von SVA - selbst, VID - kennen, wissen und SAM - eine Präposition, welche in Kombination die Bedeutung "gründlich kennen, verstehen" hat. SVA - SAMVEDANA bedeutet vollständiges Selbstbewusstsein oder Selbsterkenntnis. Wenn du einmal PARAMÂRTHA-SATYA, was die höchste Wahrheit[90] ist, erreicht hast, genießt du SVA - SAMVEDANA. Oder: Nur diejenigen, die SVA - SAMVEDANA erreicht haben, können NIRVÂṆA erfahren. Und diejenigen, die SVA - SAMVEDANA nicht erreicht haben? Was geschieht mit ihnen am Ende des MAHÂ-MAHÂ-MANVANTARA in ungefähr 150.000.000.000.000 irdischen Jahren? Weil sie nicht die nötige Kraft entfaltet haben, um in der Lage zu sein, NIRVÂṆA zu "ertragen", werden sie in einen Zustand der Bewusstlosigkeit fallen. OM. Außerdem: Das Selbst kann sich gar nicht erkennen, sondern nur das, was es NICHT ist.

SWASTIKA - स्वस्तिक

Von SV - bedeutend, "verheißungsvoll", "gesegnet", "tugendhaft", schön, richtig und ASZIKA - von AS - sein. SWASTIKA bedeutet "das, was gesegnet und

---

90 Nämlich dass alles als veränderlich Erkennbare nur MÂYÂ bzw. eine Illusion ist.

ausgezeichnet ist". Die SWASTIKA als Symbol ist Millionen Jahre alt und ein religiöses Relikt einer sehr alten Nation, denn sie enthält die gesamte Geschichte des Kosmos und des Menschen vom "Beginn" bis zum "Ende". Ihre wahre Bedeutung[91] ist im Buch des Lichts enthüllt. OM. SWASTIKA ist Geburt, Leben, Tod und nirvāṇische Unsterblichkeit.

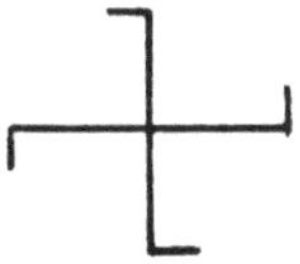

Vier Himmelsrichtungen - Revolution der Welten - zyklische Progression - Einheit von Geist und Materie im Herzen der Dinge.

TAIJASA - BHÛTA - तैजस भूत

Viertes manifestiertes kosmisches Element oder rudimentärer Stoff, nämlich Feuer oder Tejas. Tajasa (oder feurig) ist das Adjektiv von Tejas (oder Feuer).

TAIJASA - TATTVA - तैजस तत्त्व

Vierte Ebene (von oben) oder Realität oder kosmische Essenz oder Prinzip. TAIJASA-TATTVA ist das Feuerprinzip, und aus diesem Feuerprinzip heraus emaniert das manifestierte Element Feuer oder TEJAS oder TAIJASA - BHÛTA (siehe BHÛTA).

TALA - तल

Es gibt sieben Talas und jede von ihnen ist siebenfältig. Tala bedeutet "niederer Teil" oder "Basis". Ein Tala ist ein materieller Ort bzw. eine materielle Ebene. TALA ist untrennbar vom LOKA oder vom spirituellen Gegenstück.

TALÂTALA - तलातल

Die fünfte materielle Sphäre (von oben), Gegenstück von SVAR-LOKA. Von TALA-ATALA - "ein Ort, nicht ein Ort", was bedeutet, dass diese Tala schon eine starke Tala werden wird. Wenn du dich ausschließlich auf die Befriedigung deiner SINNE konzentrierst, dann bist du in TALÂTALA ...

91 Heute das linksdrehende Hakenkreuz der Nazis. Seine wahre, also rechtsdrehende Bedeutung, ist aber - laut *BUCH DES LICHTS* - das Wiedererwachen des Universums.

TAMAS - तमस्

Die dritte grundlegende Eigenschaft von PRAKṚITI oder der Natur. TAMAS ist Stille, Dunkelheit, Ignoranz, Trägheit, Unbeweglichkeit. TAMAS ist die niederste Qualität der Natur. Wenn die Natur nicht diese Qualität hätte, würdest du nicht zum Licht streben. Diejenigen, welche die DUNKELHEIT kennen, hungern nach dem LICHT...

TÂMASA - तामस

Adjektiv von TAMAS.

TANHÂ - तन्हा

TANHÂ ist ein PÂLI Wort und bedeutet DURST, Durst nach dem physischen Leben, nach Gefühlen usw., also ist TANHÂ EINE der Ursachen der Reinkarnation. Wenn du dich von TANHÂ befreit hast, bist du ein ARHAT.

TANMÂTRA - तन्मात्र

"DAS" oder "NUR DAS", "nur eine Kleinigkeit". Von TAT - "das" und MÂTRA - Kleinigkeit oder Maßeinheit. Es gibt fünf Tanmâtras oder rudimentäre Elemente, aus welchen sich die MAHÂBHÛTAS oder "massiven Elemente" wie Erde, Wasser, Luft, Feuer und Äther erhoben.

TANTRA - तन्त्र

Gelehrt von den zweiten ÂRYASANGHA[92] (4. Jahrhundert n. Chr.) und tendiert zu Schwarzer Magie durch das Erregen sexueller Energie, in die anale Chakra gerichtet. Diese Schule ist auch als YOGÂCHÂRA bekannt. TANTRA bedeutet "Ritus" oder "Ritual". Ursprünglich war Tantra oder waren die Tantras religiöse Schriften, die Anleitungen enthielten, wie magische Riten oder Zeremonien auszuführen sind, um bestimmte Kräfte zu erhalten oder Verlangen zu erwecken, welches dann befriedigt oder vielmehr transformiert werden musste. Diese Geheimnisse sind durch einen Dialog zwischen ŚIVA und seinem ŚAKTI oder weiblichen Aspekt enthüllt. Dieses frühere Symbol des weiblichen Aspekts, ŚAKTI genannt, oder des manifestierten Aspekts einer Gottheit (Energien, Qualität und Kräfte) wurden von denjenigen, welche jetzt nur den sexuellen, physischen Aspekt dieser Gottheit anbeten und sich selbst

92 Oft mit der ERSTEN Aryasangha verwechselt, die VOR dieser Zeit lebten.

TÂNTRIKAS oder Anhänger des Tantra oder der Tantras nennen, zu einer persönlichen weiblichen Gottheit degradiert.

**TAPAR - LOKA - तपर्लोक**

Zweite spirituelle Sphäre oder LOKA (von oben). Die spirituellen Führer unseres Universums leben in TAPAR - LOKA, was "Welt spiritueller Meditation und Hingabe" bedeutet. CHRISTUS oder/und BUDDHA manifestieren in TAPAR - LOKA. TAPAR - LOKA reicht bis jenseits unseres Denkens.

**TÂRAKA- RÂJA - YOGA - तारक राज योग**

Von TṚÎ - überqueren. TÂRAKA - verursachen, befreien. Die TÂRAKA- RÂJA - YOGA Schule ist vielleicht die philosophischste und esoterischste des BRÂMANISCHEN YOGA. Die Ausbildung und die Lehren sind rein intellektuell und spirituell und führen zu höchstem Bewusstsein und zu BEFREIUNG. Sie teilt den Menschen in VIER Prinzipien oder vielmehr Vehikel oder UPADHIS von ÂTMA ein, was das höchste oder CHRISTUSBEWUSSTSEIN in uns ist. OM. Aber vergiss nie: Du bist auch nicht dein Bewusstsein!

**TAT - तत्**

Das grenzenlose ALLES, alles im KOMOS entsprang dem DAS oder TAT, und deshalb wird dem Anhänger gelehrt:

"DAS bist du", (nachdem gefragt wurde): "WER bist du?"
"KAS TWAM ASÎ?" - "TAT TWAM ASÎ."
"WER BIST DU?" - "DAS BIST DU".[93]

**TATHÂGATA - तथागत**

Von TATHÂ - so, somit und GATA - vorbei und ÂGATA - kommen. TATHÂGATA ist ein Titel für die BUDDHAS, die im Laufe der Jahrhunderte erscheinen (sie kommen oder ÂGATA) und auch für jene BUDDHAS, die vorher gegangen sind (oder GATA) oder ihre Vorgänger. Ein TATHÂGATA ist einer, der den PFAD vorher gegangen ist und auch einer, der NACH ihm erscheint. OM.

---

93 Und genau das stimmt nicht. DENN: Das Selbst oder die Wesenheit kann immer nur das beschreiben, was sie NICHT ist, also ihr ANATTĀ. Man löse das Rästel.

### TATTVA - तत्व

Die Realität oder DAS SEIN eines Dinges. Es gibt SIEBEN TATTVAS - vom höchsten oder dem einen oder dem ursprünglichen Prinzip ÂDI-TATTVA bis zum niedrigsten oder Erdprinzip oder PṚITHIVÎ-TATTVA. TATTVA ist auch die Essenz des Kosmos und die Quelle aller manifestierten Elemente oder BHÛTAS.

### TATTVA - JÑÂNIN - तत्त्व ज्ञानिन्

Von JÑÂ - kennen. TATTVA- JÑÂNIN ist jemand, der Wissen besitzt über die abstrakte kosmische Essenz, der ALLES im UNIVERSUM entspringt.

### TAT TVAM ASI - तत् त्वम् असि

"Das Grenzenlose bist du!"

### TEJAS - BHÛTA - तेजस् भूत

Verursacht durch das Feuerprinzip oder von den TEJAS - TATTVA. TEJAS - BHÛTA ist das MANIFESTIERTE FEUER. OM.

### TEJAS - TATTVA - तेजस् तत्त्व

VIERTES Prinzip des KOSMOS (von oben). TEJAS - TATTVA ist das Prinzip des FEUERS[94].

### TÎRTHIKA - तीर्थिक

Von TÎRTHA oder "HEILIGER ORT". Ein TÎRTHIKA ist "jemand, der an einen heiligen Ort gehört", zum Beispiel ein BRÂHMAṆA. Später, als BRÂMANISMUS, JAINISMUS und BUDDHISMUS sich nicht mehr einig waren, benutzten sie diesen Namen TÎRTHIKA gegen einander, und so veränderte sich die Bedeutung von TÎRTHIKA zu "Ungläubiger". Ehre sei dem *BUCH DES LICHTS*!

### TITIKSHÂ - तितिक्षा

Fünfter Zustand von RÂJA YOGA. In diesem Zustand von TITIKSHÂ bist du physisch, mental und moralisch gleichgültig gegenüber Freude und Schmerz. Von TIJ - ertragen, leiden. Also ist TITIKSHÂ Standhaftigkeit, Resignation, Geduld.

---

94 Und (noch) nicht das FEUER SELBST. BHÛTA ist dann das manifestierte Feuer.

**TRETÂ - YUGA - त्रेता युग**

Zeitalter von 3/4 der Wahrheit oder Zeitalter der Unschuld. Es ist im TRETÂ-YUGA, welches 1.296.000 Jahre andauert, dass die materiellen Kräfte in der Natur ihren gegensätzlichen (gegensätzlich gegenüber dem GEIST) Einfluss zeigen. Von TRETÂ- drei.

**TRIGUṆA - त्रिगुण**

Die drei grundlegenden Eigenschaften der Natur (SATTVA, RAJAS, TAMAS). Jede von ihnen hat gute und böse Seiten und jede ist in sich selbst dreifältig oder enthält die anderen zwei GUṆAS. Von TRI - drei und GUṆA - Qualität, Eigenschaft.

**TRIKÂYA - त्रिकाय**

Die HIERARCHIEN der spirituellen Wesen kleiden sich in drei prächtige Gewänder oder TRIKÂYAS. Die drei Gewänder werden uns immer bewusster, wenn wir auf dem aufwärts führenden Pfad nach NIRVÂṆA weitergehen. Ihre Namen sind DHARMAKÂYA (geistiges Gewand), SAMBHOGAKÂYA (ätherisches Gewand) und NIRMÂṆAKÂYA (astrales Gewand).

**TRIMÛRTI - त्रिमूर्ति**

Solare Triade. Von TRI - drei und MÛRTI - Manifestation oder Gestalt. TRIMÛRTI enthält den Entsteher, Erhalter und wohltätigen Zerstörer (oder Erneuerer) oder: BRAHMÂ, VISHṆU und ŚIVA.

**TṚISHṆÂ - तृष्णा**

"Durst" - "VERLANGEN". TṚISHṆÂ ist das VERLANGEN nach manifestiertem Leben, welches die Menschen zurückbringt in die INKARNATION. Von TṚISH - dursten, verlangen.

**TULÂ - तुला**

♎ Tierkreiskonstellation der Waage.

**TURÎYA - तुरीय**

Der TURÎYA - Zustand wird erreicht, wenn man Erleuchtung erfährt und somit Selbsterkenntnis, welche in Wirklichkeit die Erkenntnis dessen ist, was man NICHT ist. Löse das Rätsel. Daher wird TURÎYA auch TURÎYA-SAMÂDHI genannt. Sogar während des Schlafs und nach dem Tod erfährt der Geist, der sich mit der Quelle verbindet, TURÎYA-SAMÂDHI. Wenn du eins bist mit BRAHMÂ, dann bist du in TURÎYA-SAMÂDHI. Das Höchste ist es trotzdem (noch) nicht.

**UDÂNA - उदान**

Einer der fünf lebenswichtigen Atemzüge beim Menschen. UDÂNA kann dich "nirvāṇisch" machen, denn dieser "lebenswichtige Atemzug" richtet PRÂṆA NACH OBEN zum Herz- und Hirnzentrum.

**UDUMBARA - उदुम्बर**

Ein heiliger Feigenbaum in Indien, aber auch der BLAUE LOTUS. Siehe NÎLA UDUMBARA oder NÎLODUMBARA.

**UPÂDÂNA - उपादान**

Von UPÂDÂ - erwerben, zu eigen machen. UPÂDÂNA ist eine der zwölf NIDÂNAS (die 9.) oder Ursachen der Existenz. UPÂDÂNA bedeutet: Am weltlichen Leben anhängen und BHÂVA verursachen, was WERDEN und WIEDER WERDEN bedeutet.

**UPÂDHI - उपाधि**

Von UPÂ - sich bekleiden mit und DHÂ - erscheinen, eine Verkleidung. UPÂDHI - Vehikel, Basis, zum Beispiel der physische Körper. Doch UPÂDHI ist nicht die Wirklichkeit, denn die Wirklichkeit ist unsichtbar, und UPÂDHI ist die ERSCHEINUNG dieser UNSICHTBAREN REALITÄT. OM.

**UPÂDHYÂYA - उपाध्याय**

Ein spiritueller Führer. Von UPA - gemäß, und ADHI - "einer, der einen veranlasst, gemäß der vedischen Schriften oder der Weisheitslehre zu lernen".

**UPANISHAD - उपनिषद्**

Teil des BRÂHMAṆA[95]-Abschnitts der Veden. UPANISHAD ist esoterische Lehre. Von UPA - gemäß, laut, NI - nieder und SAD - sitzen, was bedeutet, dass die UPANISHAD heilige Anweisungen waren, empfangen zu Füßen der

95 Abhandlungen in Prosa und Versen.

Lehrer und dann niedergeschrieben. Die UPANISHADS sind "DER SPIEGEL DER EWIGEN WEISHEIT" (Blavatsky). Wörtlich könnte UPANISHAD wie folgt übersetzt werden: "Empfangen" oder "gemäß der Lehre empfangen durch den Lehrer, während zu seinen Füßen sitzend."

UPÂSAKA - उपासक

Von ÂS - sitzen und UPA - in der Nähe oder auch - dienen, ehren. Jemand, der ein Laienjünger ist oder einem strengen Code der Vorschriften folgt, ist ein UPÂSAKA.

UPÂSIKÂ - उपासिका

Die weibliche Form von UPÂSAKA oder ein weiblicher Anhänger, Schüler oder Chela.

UŚANAS - ŚUKRA - उशनस् शुक्र

♀ VENUS, einer der SIEBEN HEILIGEN PLANETEN. OM.

USHNIṆÎSHA - उष्निणीष

Wenn ein Mensch spirituell erleuchtet ist, wird sein Kopf von einem Feuer oder Heiligenschein, KRONE (Chakra) genannt, umgeben. Von USH - entflammt sein, feurig sein.

VÂCH - वाच्

Seit dem "Am Anfang war das Wort" - wenn abstrakt verstanden - kann VÂCH als dieses Wort bezeichnet werden oder als göttliche Stimme oder als mystischer Klang oder Träger des GÖTTLICHEN GEDANKENS in BRAHMANS Denken. So kann VÂCH also als MUTTER DES UNIVERSUMS bezeichnet werden. PYTHAGORAS, der Eingeweihte, nannte VÂCH die "Musik der Sphären". Wörtlich bedeutet VÂCH "Rede oder Wort".

VÂHANA - वाहन

Der "TRÄGER". Von VAH - tragen. BRAHMAN (neutrum) ist der HANSA-VÂHANA oder "Träger des Schwans". Dieser Schwan oder schwarze Schwan ist die "UNVERHÜLLTE GÖTTLICHE WEISHEIT DIESES GROSSEN WESENS, WELCHES DUNKELHEIT FÜR DIE MENSCHHEIT" ist.

VAISHṆAVA - वैष्णव

Adjektiv von VISHṆU. Diejenigen, welche VISHṆU anbeten, sind VAISHṆAVAS[96].

VAIŚYA - वैश्य

Eine der vier Kasten des frühen Indiens. Die VAIŚYAS gehören zu den Landwirten, Händlern und Geschäftsleuten.

VAJRA - वज्र

Diamant oder Blitzstrahl. Das Herz eines barmherzigen Eingeweihten ist UNZERSTÖRBAR wie ein Blitzstrahl oder ein Diamant, welcher Göttlichkeit in seinem spirituellen und Unvollkommenheit in seinem physischen Körper reflektiert. Bist du erst einmal (wegen deiner spirituellen Errungenschaften und deiner Reinheit) ein VAJRA-PÂṆIN oder Träger des Diamant-Blitzstrahls, hast du Macht über böse Geister. BUDDHA wurde als VAJRA-PÂṆIN bezeichnet oder auch als VAJRA-DHARA oder auch als VAJRA SATTVA.

VÂMÂCHÂRA - वामाचार

Schwarze Magie. Von VÂMA - links, ÂCHÂRA - Benehmen, Übung (von âchar - sich benehmen, üben bzw. ausüben).

VARUṆA - वारुण

Einer der drei vedischen Götter. AUM steht für A (AGNI), U oder V (VARUṆA) und M (MARUTS) oder AGNI - Feuer, VARUṆA - Wasser und MARUTS - Luft. OM.

VÂYU - BHÛTA - वायु भूत

Verursacht von VÂYA-TATTVA oder dem Luftprinzip. VÂYU - BHÛTA ist das fünfte manifestierte Element von oben oder LUFT. Doch wie jedes andere Element ist Luft eine Wesenheit mit eigenem Bewusstsein. OM.

VEDA - वेद

Von VID - wissen. VEDA ist WISSEN. Die VEDAS oder VEDEN sind Schrif-

96 Die ŚAIVAS beten ŚIVA an.

ten, geschrieben in Sanskrit und ihr wahres Alter ist im *BUCH DES LICHTS* enthüllt…
Sie sind die heiligen Schriften der HINDÛS. Die VEDAS enthalten zwei Abschnitte, die MANTRA und BRÂHMAṆA. Die MANTRA ABTEILUNG beinhaltet Gebete, Beschwörungen und POETISCHE HYMNEN; das BRÂHMAṆA Abhandlungen in PROSA, welche die Interpretationen und Applikationen religiöser Anbetung und Rituale[97] liefern. Des Weiteren präsentiert der BRÂHMAṆA Teil der VEDAS Regeln zum Singen heiliger MANTRAS bei Opferzeremonien und erklärt diese Opfer detailliert (einschließlich Sagen und Geschichten).

VEDANÂ - वेदना
Von VID - wissen. VEDANÂ ist SINNESWAHRNEHMUNG, ausgelöst durch SPARŚA (Berührung) und verursacht TṚISHṆÂ, den Durst nach Leben.

VEDÂNTA - वेदान्त
Von VEDA - Wissen, ANTA - ENDE, ABSCHLUSS. Die VEDÂNTA PHILOSOPHIE ist eine Interpretation der VEDISCHEN Schriften. SANKARÂCHÂRYA lehrte VEDÂNTA.

VEDISCHE PERIODE
Umfasst etwa 200.000.000 Jahre.

VIDYÂ - विद्या
Von VID - kennen, wissen. VIDYÂ ist WISSENSCHFT und WISSEN. ÂTMAVIDYÂ ist SELBSTERKENNTNIS bzw. wenn du Kenntnis erlangst über ÂTMAN (oder den Christus) in DIR, womit laut BDL immer die MONADE gemeint ist.

VIHÂRA - विहार
Von HṚI - nehmen und VI - beiseite, auseinander. VIHÂRA ist etwas, was von weltlichen Dingen entfernt wurde, zum Beispiel ein Felsentempel oder eine Höhle.

97 Religiöse Anbetung war in den FRÜHESTEN Vedas NICHT enthalten oder, wie *DAS BUCH DES LICHTS* lehrt: Ein Gott, der angebetet werden will, der gehört auf die Psychiatercouch.

VIJÑÂNA - विज्ञान

DRITTE NIDÂNA (Ursache der Existenz), verursacht von SAṂSKÂRA (karmisches Ergebnis einer Handlung) und führt zu NÂMA-RÛPA, also Gestalt mit Namen und Persönlichkeit. VIJÑÂNA ist BEWUSSTSEIN oder INTELLIGENZ. Von VIJÑA - wahrnehmen, unterscheiden.

VIJÑÂNAMAYA - KOŚA - विज्ञानमयकोश

Von VIJÑÂNA - Wahrnehmung, Intelligenz und KOŚA - Mantel, Hülle. Der MÂNASAPUTRA ist im Siddhi Zustand auf allen kosmischen Ebenen mobil; innerhalb der PLANETENKETTE DER ERDE in seinem VIJÑÂNAMAYA - KOŚA

VÎNÂ - वीणा

Indische Laute.

VIRÂGA - विराग

Von VI - ohne und RÂGA - Leidenschaft, Verlangen. Wenn man erst einmal den Zustand von VIRÂGA erreicht hat, dann besiegt man die Versuchung, die Illusion der Materie, sinnliches Verlangen, eigensinniges Denken und ein bebendes Herz und wird so EINS mit der WIRKLICHKEIT. Wenn du gleichgültig gegenüber Freude und Schmerz bist, wenn du die Illusion besiegt und allein die WAHRHEIT erkannt hast, DANN hast du den letzten Kampf zwischen dem HÖHEREN und NIEDEREN, zwischen WIRKLICH und UNWIRKLICH gewonnen, DANN hast du VIRÂGA erlangt.

VIRÂJ - विराज्

VÂCH, die GÖTTLICHE STIMME, Mutter des Universums, die das GÖTTLICHE DENKEN von BRAHMÂ trägt, Vater des Universums, der VIRÂJ emaniert, das GÖTTLICHE WORT oder das MANIFESTIERTE UNIVERSUM DER HARMONIE. Tatsächlich ist das Universum ein manifestiertes Wort bzw. eine in die Materie gefallene Schwingung. OM.

VÎRYA - वीर्य

Von VIR - kraftvoll, kühn. Wenn du in dir eine Energie fühlst oder entwickelst, die sich ihren Weg zur Wahrheit erkämpft, weg von MÂYÂ oder der Illusion, dann erfährst du VÎRYA.

**VISHṆU - विष्णु**

ZWEITE der Trimûrtischen SONNENTRIADE. VISHṆU ist das erhaltende bzw. konservierende Prinzip in ALLEM, zumindest für eine Weile. Dann übernimmt ŚIVA und zerstört ALLES, so dass der Geist sich weiterentwickeln kann durch neue Formen oder RÛPAS. OM.

**VIŚISHṬÂDWAITA - विशिष्टाद्वैत**

Von VIŚISHṬÂ - unterschieden, qualifiziert (von VIŚISH) und ADWAITA - nicht dual. VIŚISHṬÂDWAITA lehrt, dass ATMAN und BRAHMAN (oder UNSER höchstes Selbst und das UNIVERSELLE Selbst) keine getrennten Prinzipien sind, wie es die DWAITA Schule lehrt.

**VITALA - वितल**

Zweite MATERIELLE EBENE von oben. Jemand, der dem ABWÄRTS FÜHRENDEN PFAD folgt und so die letzte Verbindung zu seiner HÖHEREN NATUR unterbricht, ist in VITALA.

**VṚIDDI - FORM - वृद्धि**

Im Wort AVATÂRA. "tar" ist die VṚIDDI - FORM der Verbwurzel TṚÎ - kreuzen, queren. TAIJ ist die VṚIDDI - FORM von TIJ - brennen; diese VṚIDDI - FORM ist enthalten in TAIJASA - feurig. Es gibt auch eine GUṆA Form in zum Beispiel TEJAS, einem Substantiv, welches FEUER bedeutet. Die GUṆA Form von TEJAS ist TEJ, was die Aussprache der Wörter TAI' JASA und TE' JAS erklärt.

**VṚIŚCHIKA - वृश्चिक**

♏ - Tierkreiskonstellation des SKORPIONS.

**VRISHABHA - वृषभ**

♉ - Tierkreiskonstellation des Stieres.

**VYÂNA - व्यान**

EINER der FÜNF "lebenswichtigen Atemzüge" beim Menschen. VYÂNA beherrscht die Zirkulation im Körper und ist das, was trennt und zerstört und so den Körper in Form hält bzw. den zerstörerischen Kräften Widerstand leistet.

YADYAD RÛPAM KÂMAYATE DEVATÂ TATTAD DEVATÂ BHAVATI-

यद्यद् रुपम् कामयते देवता तचद् देवता भवति.

"Nach welchem Körper eine göttliche Wesenheit auch verlangt, genau den wird die göttliche Wesenheit bekommen."

YAMA - यम

Von YAM - halten, prüfen. YAMA ist SELBSTKONTROLLE oder das GESETZ der Gewaltlosigkeit, bekannt als AHIṂSÂ, also der Nichtschädigung anderer in Gedanken, Worten und Taten. Das beinhaltet auch Wahrheit, die andere verletzt. Zum Beispiel das Gesetz "Du sollst nicht töten".

YOGA - योग

Von YUJ - vereinen. YOGA ist, was auch immer du tust, um eine SELBSTBEWUSSTE EINHEIT mit deinem HÖHEREN SELBST zu erlangen. HAṬHA YOGA ist die NIEDERSTE und gefährlichste Form des YOGA.

YOGÂCHÂRA - योगाचार

Eine Schule des reinem BUDDHISMUS, gegründet vom ERSTEN ÂRYASANGA, der ein direkter Schüler von BUDDHA war. YOGÂCHÂRA kann man (in seinem esoterischen Aspekt) als identisch mit dem *BUCH DES LICHTS* bezeichnen. Von YOGA - spirituelle Einheit und ACHÂRYA - Lehrer.

YOGIN - योगिन्

Ein Anhänger oder Yoga Praktizierender.

YUGA - युग

Von YUJ - vereinen. Ein besonderes Zeitalter oder ein Zeitabschnitt ist ein YUGA. Die Entwicklungsabschnitte, durch welche jede der SIEBEN GROSSEN WURZELRASSEN gehen musste und noch gehen muss, werden YUGAS genannt. Es gibt vier große (oder MAHÂ) YUGAS: SATYA-YUGA (oder KṚITA-YUGA), TRETÂ-YUGA, DWÂPARA-YUGA und KALI-YUGA.

O M

## Keine Religion ist höher als die Wahrheit

Es ist vielleicht an der Zeit, dass der Leser sich erholt von meiner Sanskrit Handschrift und sich gewöhnt an getipptes Sanskrit. Teste dich jetzt selbst an den folgenden Beispielen, wie gut du bereits Sanskrit verstanden hast.

Sei ehrlich zu dir selbst. Lies bitte immer zuerst die Sanskrit Begriffe, definiere diese, und DANN erst lies weiter, ob du richtig gelesen, definiert und übersetzt hast.

1. अग्नि Agni - Feuer

**2.** आनन्द ānanda - Seligkeit

**3.** आशा āśā - Hoffnung

**4.** आत्मन् Ātman - das Selbst

**5.** बालिका bālikā - Mädchen

**6.** बालक bālaka - Junge

**7.** भक्ति Bhakti - Hingabe

**8.** गुरु Guru - spiritueller vollkommener Lehrer

**9.** ज्ञान Jñāna - spirituelles Wissen

**9.** कर्म Karma - Ursache und Wirkung der Handlungen

**10.** माया māyā - Illusion

**11.** मोक्ष Moksha - endgültige Erleuchtung

**12.** प्रज्ञा prajñā - Weisheit

**13.** प्रकृति Prakriti - Materie und Ursache dessen, was der Unwissende als SEIN bezeichnet.

**14.** प्राण prāṇa - Lebenskraft

**15.** प्रत्याहार pratyāhāra - Das Sich-Zurückziehen von jeglicher Sinnesaktivität, z. B. in der Seelenatem Meditation.

**16.** रचनात्मक Rachnatmak - Kreativität (Es fehlt EIN Strich. Welcher?)

**17.** सत्य Satya – wahrhaft, ehrlich

**18.** सुख Sukha - Glück

**19.** सुन्दर Sundar – schön oder attraktiv (Es fehlt EIN Strich. Welcher)

**20.** सीता क्रीडति Sītā krīdatī - Sītā spielt

*21.* त्वं क्रीडसि tvam krīdasī - du spielst

**22.** अहं क्रीडामि aham krīdamī – ich spiele

**23.** अलेक्षः वदति Alexha vadati - Alex sagt

**24.** त्वं वदसि tvam vadasi – du sagst

**25.** अहं वदामि aham vadāmi - ich sage

**26.** एषः उपविशति 'eshaha upavishati - Diese Person sitzt.

**27.** त्वम् उपविशसि 'tvam upavishāsi - du sitzt

**28.** अहम् उपविशाम ' aham upavishāmi – ich sitze

**29.** एकम् ekam - 1

**30.** द्वे dve – 2

**31.** त्रीणि trīṇi - 3

**32.** चत्वारि chatvāri - 4

**33.** पञ्च pañca - 5

**34.** षट् shat - 6

**35.** सप्त sapta - 7

**36.** अष्ट ashta – 8

**37.** नव nava - 9

**38.** दश dasha - 10

39. एकादश ekādasha - 11

**40.** द्वादश dvādasha - 12

**41.** त्रयोदश trayodasha - 13

**42.** चतुर्दश chaturdasha - *14*

**43.** पञ्चदश panchadasha - 15

**44.** षोडश shōdasha - 16

**45.** सप्तदश saptadasha - 17

**46.** अष्टादश ashtādasha - *18*

**47.** नवदश navadasha - 19

**48.** विंशतिः vimshatihi - 20

---

मम नाम अलेक्षः mama nāma alexaha - Mein Name ist Alex.

मम नाम सीता mama nāma sītā - Mein Name ist Sītā.

Wenn du Alex fragen möchtest, wie er heißt, wäre das:
भवतः नाम किम् bhavataha nāma kim

bhavataha nāma kim? (भवतः नाम किम्)? Das Wort bhavataha (भवतः) bedeutet „dein" in männlicher Form und das Wort kim (किम्) bedeutet „was". In ähnlicher Weise, wenn man Sītā fragt, wie sie heißt, wäre das bhavatyāha naāma kim? (भवत्याः नाम किम्)? bhavatyāha (भवत्याः) bedeutet „dein" in weiblicher Form.

Gespräche sind eine einfache Möglichkeit, einige neue Wörter zu verstehen, während du eine neue Sprache lernst. Hier ist eine einfache Unterhaltung zwischen Alex und Sītā. (Bitte immer erst das links stehende Sanskrit versuchen zu übersetzen und dann rechts checken).

Sītā fragt Alex:

सीता - भवान् अलेक्षः खलु? bhavān alexaha khalu? - Bist du nicht Alex?

Alex antwortet:

सत्यम्, भवती सीता वा? Satyam. Bhavatī Sītā vā? - Ja. Du bist Sītā, bist du nicht?

Sītā antwortet:

आम् अहं सीता एव।भवान् इदानिं कुत्र अस्ति। ām! aham Sītā eva. Bhavān idānīm kutra asti? - Sicher, das bin ich. Wo bist du heute?

Alex antwortet:

अहम् इदानिं बेङ्गलूरु नगरे अस्मि। तत्र अहम् एकस्याः संस्थायाः प्रशासकः अस्मि।
aham idānīm bengalōru nagare asmi - tatra aham ekasyāha samsthāyāha prashāsakaha asmi
- Ich bin jetzt in Bangalore ansässig. Ich bin dort Administrator.

Alex fragt: सीता, भवती इदानिं किं कुर्वन्ती अस्ति। Sītā , bhavati idānīm kim kurvantī asti - Sītā, was machst du zur Zeit?

Sītā antwortet: सीता - अहमपि एकस्यां संस्थायां निर्देशिका रुपेण कार्यं कुर्वन्ती अस्मि। -ahamapi ekasyām samsthyāyām nirdeshikā rūpeṇa pena kāyam kurvantī asmi – Ich arbeite ebenfalls als Direktorin in einer Organisation.

Alex: पुनः मिलामः। *punaha milaamaha* - Okay, wir sehen uns wieder.

Sītā: अस्तु, पुनः मिलामः।

**Höfliches Sanskrit**

Wir sagen suprabhātam (सुप्रभातम्) auf Sanskrit, um „Guten Morgen“ zu sagen. Namaskāraha (नमस्कारः) und namaste (नमस्ते) sind im Sanskrit sehr beliebte Wörter. Sie sind sehr häufig gesprochene Begrüßungen. Sie bedeuten im weitesten Sinne „Die Göttlichkeit in mir verneigt sich vor der Göttlichkeit in dir". Namaste wird oft verwendet, um zu jeder Tageszeit zu begrüßen, wenn sich Menschen treffen oder abreisen. Aber: Namaste sollte man nur einer hohen Wesenheit als Gruß entbieten.

Shubhamadhyahnam (शुभमध्याह्नम्) kann für „Guten Tag" verwendet werden. Und "Guten Abend" ist shubhasāyam (शुभसायम्). Wir sagen shubharātrhi (शुभरात्रिः) auf Sanskrit, um „Gute Nacht" zu sagen. Dhanyavādaha (धन्यवादः) bedeutet „Danke". Dhanyavādaha (धन्यवादः) ist ein recht und teuer verwendetes Wort im Sanskrit. Susvāgatam (सुस्वागतम्) bedeutet „Willkommen". Kshamyatām (क्षम्यताम्) auf Sanskrit, um „Entschuldigung" zu sagen. Chintāmastu (चिन्तामास्तु) bedeutet „Keine Sorge". Das Wort krapayā (कृपया) bedeutet „bitte". Zum Beispiel würde krapayā atra āgachchatutu (कृपया अत्र आगच्छतुतु) „bitte komm her" bedeuten.

Bhoho (भोः) ist "undeklinierbar" und wird oft verwendet, um eine Person zu begrüßen.

Kim bhoho (किं भोः) wird sehr oft verwendet, was im Allgemeinen „Hey, was ist los?" bedeutet. Das undeklinierbare Bhoho (भोः) wird auch verwendet, um eine Person anzusprechen. Bhoho atra āgachchatu (भोः अत्र आगच्छतु) würde „Hallo, komm her" bedeuten. Shrīman (श्रीमन्) und mānye (मन्ये) oder ārye (आर्ये) werden verwendet, um „Sir" und „Madam" zu sagen. Shrīman krapayā atra ā gachchatu (श्रीमन् कृपया अत्र आगच्छतु) würde zum Beispiel „Herr, bitte kommen Sie hierher" bedeuten. Mānye/aarye krapayā atra āgachchatu (मान्ये/आर्ये कृपया अत्र आगच्छतु) würde bedeuten „Madam, bitte kommen Sie hierher". Punaha milāmaha (पुनः मिलामः) bedeutet „wiedersehen". Astu (अस्तु) bedeutet „Okay". Wenn ich zum Beispiel Punaha Milāmaha (पुनः मिलामः) sage, würdest du Astu Punaha Milāmaha (अस्तु पुनः मिलामः) sagen.

**Nützliche Begriffe**

**Lies bitte einfach in der Reihenfolge wie geschrieben. Es müsste dir jetzt möglich sein, Sanskrit den Übersetzungen zuzuordnen.**

Willkommen स्वागतम् (svāgatam) Hallo (Jetzt leider zum allgemeinen Gruß geworden) नमस्ते (namasté) नमो नमः (namo namaḥ) नमस्कारः (namaskāraḥ) Wie geht es Ihnen? कथमस्ति भवान् (kathamasti bhavān) कथमस्ति भवती (kathamasti bhavatī) Antwort auf Wie geht es dir? अहं कुशली (ahaṃ kuśalī) अहं कुशलिनी (ahaṃ kuśalinī) Lange nicht gesehen चिरान्न दृष्टम् (cirānna dṛṣṭam) Wie heißen Sie? तव नाम किम् (tava nāma kim?) Ich heiße ... अहम् ... मम नाम ... (mama nāma ...) Woher kommst du? भवान् कुत्रत्य: (bhavān kutratyaḥ) भवती कुत्रत्या (bhavatī kutratyā) Ich komme aus ... Schön Sie zu treffen भवता सह संयोग: सन्तोषकर: (bhavatā saha saṃyogaḥ santoṣakaraḥ) भवत्या सह संयोग: सन्तोषकर: (bhavatyā saha saṃyogaḥ santoṣakaraḥ)

Guten Morgen (Morgengruß) सुप्रभातम् (suprabhātam) Gute Nacht शुभरात्री (śubharātrī) Auf Wiedersehen (Abschiedssätze) पुनर्मिलाम (punarmilāma) Treffen wir uns wieder? शुभास्ते पंथानः संतु (śubhāste panthānaḥ santu) Mögen deine Straßen glückverheißend sein (ein traditioneller Gruß) Viel Glück! सौभाग्यम् (saubhāgyam) Danke schön! Gute Gesundheit! (Toasts beim Trinken verwendet) (śubhamastu) Einen schönen Tag noch सुदिनमस्तु (sudinamastu) Guten Appetit भोजनं स्वादिष्टमस्तु (bhojanaṃ svādiṣṭamastu) Gute Reise शुभयात्रा (śubhayātrā) Ich verstehe nicht नावगच्छामि (nāvagacchāmi) Jawohl भवतु (bhavatu) आम् (ām) अस्तु (astu) Nein नैव किल (naiva kila) न (nein) Ich weiß nicht न जानामि (na jānāmi) Bitte sprechen Sie langsamer कृपया इतोऽपि मन्दं वदतु

(kṛpayā itopi mandaṃ vadatu) Bitte sag das nochmal कृपया पुनर्वदतु (kṛpayā punarvadatu) Bitte schreib es auf कृपया लिखतु (kṛpayā likhatu).

Na? Wie hat es geklappt?

Weiter gehts!
Sprechen Sie Sanskrit? भवान् संस्कृतं भाषते वा? (bhavān samskṛtaṃ bhāṣate vā) भवती संस्कृतं भाषते वा? (bhavatī saṃskṛtaṃ bhāṣate vā) Ja, ein bisschen (Antwort auf 'Sprechen Sie ...?'), स्वल्पम् (āṃ, svalpam) Wie spricht man auf Sanskrit? संस्कृते एतत्कथमुच्यते? (saṃskṛte etatkathamucyate?) Verzeihung कृपया क्षम्यताम् (kṛpayā kṣamyatām) Wieviel kostet das? (Kiyat?) Es tut uns leid कृपया क्षम्यताम् (kṛpayā kṣamyatām) Bitte कृपया (kṛpayā) Dankeschön धन्यवादाः (dhanyavādāḥ) Antwort als Dankeschön अस्तु तावत् (astu tāvat) Wo ist die Toilette/das Badezimmer? शौचालयः कुत्रास्ति? (śaucālayaḥ kutrāsti) Dieser Herr wird für alles bezahlen अयं सर्वमूल्यं दास्यति (ayaṃ sarvamūlyaṃ dāsyati) Diese Dame wird für alles bezahlen इयं सर्वमूल्यं दास्यति (iyaṃ sarvamūlyaṃ dāsyati) Willst du mit mir tanzen? मया सह नर्तितुमिच्छसि किम् (mayā saha nartitumicchasi kim) Ich liebe dich त्वामनुरजामि (tvāmanurajāmi) Gute Besserung तूर्णमारोग्यमस्तु (tūrnamārogyamastu) Lass mich allein! एकाकी भवितुमिच्छामि (ekākī bhavitumicchāmi) एकाकिनी भवितुमिच्छामि (ekākinī bhavitumicchāmi) Hilfe! साहाय्यम् (sāhāyyam) Feuer! अग्निः (agniḥ) Halt! तिष्ठ (tiṣṭha) Ruf die Polizei! आरक्षकानाकारयतु (ārakṣakānākārayatu) Weihnachtsgrüße क्रिस्तमसपर्वणः शुभेच्छाः । नूतनवर्षाभिनन्दनं च । (kristamasaparvanaḥ śubhecchāḥ nūtanavarṣābhinandanaṃ ca) येसुजयन्त्याः शुभेच्छाः । नूतनवर्षाभिनन्दनं च । (yesujayantyāḥ śubhecchāḥ nūtanavarṣābhinandanaṃ ca) Ostergrüße

ईस्टरपर्वणः शुभेच्छाः (īstaraparvanaḥ śubhecchāḥ) Geburtstagsgrüße जन्मदिनशुभेच्छाः (janmadina śubhecchāḥ) Eine Sprache ist nie genug नालमेकभाषया (nālamekabhāṣayā)

Jetzt wird es etwas schwieriger. Wie spricht man das aus?
हरेः पत्नी लक्ष्मीः। (Lakshmi ist die Frau von Hari.) 1. साध्वोः शीघ्रं मैत्री भवति। (Gute Leute werden schnell Freunde.) 2. गिर्योः मध्ये सूर्योदयः शोभते। (Die Sonne sieht schön zwischen den beiden Hügeln aus.) 3. साधूनां दर्शनं पुण्यम्। (Die Heiligen zu sehen ist verdienstvoll.) 4. आपत्काले बुद्धेः परीक्षा भवति। (Der Test des Intellekts findet während eines Notfalls/Problems statt.) 5. तत्र द्वयोः पङ्क्त्योः मध्ये स्थानं नास्ति। (Es gibt keine Stelle zwischen den beiden Zeilen.) 6. तत्र धेनूनां समूहः सीदति (Dort sitzt eine Herde Kühe.) 7. बाल क्रीडाङगने पतति रोदिति च (Das Kind fällt auf dem Spielplatz hin und weint.) 8. महाभारतं पठित्वा अहं अनेकाः कथाः जानामि। (Nachdem ich Mahabhārata gelesen habe, kenne ich viele Geschichten.) 9. संस्कृतं सुलभम्। अतः अहं संस्कृतं पठामि। (Sanskrit ist einfach. Also lerne ich Sanskrit.)

MEINE LIEBEN!

Ohne Kasusendung heißt im Sanskrit Prātipadika. „Arthavat adhātuhu apratyayaha Prātipadikam." Diese groben Nomen oder Sanskrit sind eine flektierende Sprache. Die grobe Form der Substantive Prātipadikas wer-den im Allgemeinen in sechs Kategorien eingeteilt. Sie sind Substantive, Pronomen, Adjektive, Krudantas oder Primärzusätze, die Partizipien Präsens, Partizip Perfekt, Zukunftspartizip, potenzielle Passivpartizi-pien, Infinitive und Gerundien umfassen; Taddhitāntas oder Wörter mit sekundären Suffixen und zuletzt zusammengesetzten Wörtern. Wenn diesen groben Formen Fallendungen hinzugefügt werden, ändert sich das Wort und erhält eine neue Form. Aufgrund

dieser flektierenden Natur wird die Wortstellung ohne Bedeutung. Beispiel: Bālakaha shālām gachchati. Oder Gachchati shālām bālakaha oder Shālām gachchati bālakaha.
Beispiel: Vrukshāt phalam patati oder Patati phalam Vrukshāt oder Phalam vrukshāt patati. Beispiel: Rāmaha gruhe tischtati oder Tischtati gruhe Rāmaha oder Gruhe Rāmaha tischtati.

**DAS BUCH DES LICHTS LEHRT**

Sanskrit ist eine eingeschränkte Sprache mit „freier Wortreihenfolge“. Aber in Wirklichkeit gibt es auf der Welt keine Sprache mit „freier Wortstellung“. Wo liegt dann das Problem? Im Sanskrit können viele Sätze geschrieben und auch in „freier Wortfolge“ verstanden werden, aber nicht alle Sätze. Gleichzeitig ist die Freiheit im Sanskrit sehr groß und deshalb sind mehr als 95% aller Sanskrit-Werke in poetischen Formaten. Ich habe unten einige Sätze angegeben, und jeder hat eine andere Bedeutung: गृहे शिशुः क्षीरं पिबति । = „Zu Hause trinkt das Kind Milch“. Dies ist ein einfacher Satz. Lass mich in diesem Satz das "अव्ययम्" (nicht deklinierbar) - "एव" (nur) in anderer Reihenfolge hinzufügen und sehen wir, wie sich die Bedeutungen ändern. गृहे शिशुः क्षीरं एव पिबति । = Zu Hause trinkt das Kind nur Milch गृहे शिशुः एव क्षीरं पिबति । = Zu Hause trinkt nur das Kind Milch गृहे एव शिशुः क्षीरं पिबति । = Nur zu Hause trinkt das Kind Milch.
In den obigen 3 Sätzen habe ich nur die Position von „एव“ verschoben – das „अव्ययम्“ (nicht deklinierbar) und somit unterscheiden sich die Bedeutungen der Sätze stark. Deshalb sind die Sanskrit-Dichter so großartig in Bezug auf ihre Beherrschung der Sprache/Linguistik (Vyākarana व्याकरन), und sie konnten schöne Sätze konstruieren, ohne die Regeln der Grammatik zu brechen und gleichzeitig eine „freie Wortstellung“ haben, um die strengen Regeln der Poesie zu erfüllen. Man hat diese Freiheit hauptsächlich entwickelt, damit Menschen in bestimmten Chandas Gedichte verfassen können. Um sich an die strengen Regeln von Chandas zu halten, braucht man diese Freiheit.

Andererseits behaupten die westlichen Linguisten auf der Grundlage statistischer Beweise, dass es tatsächlich nur wenige Präferenzen der Wortstellung gibt. Ich empfehle allen, die sich für dieses Thema interessieren, dringend, sich mit der Lehre zu befassen, um die von vielen Sanskrit Gelehrten geleugnete Ursprünglichkeit des SANSKRIT/SENZAR zu verstehen. Warum hat Indien meist Sanskrit durch Hindi ersetzt? Wer hat das gemacht? Zumindest bis zur Zeit Patanjalis (8. bis 6. Jahrhundert v. Chr.) war Samskrita in ganz Indien weit verbreitet. (Wir können dies aus dem von ihm geschriebenen Mahābashyam verstehen). Samskrita blieb als Linksprache mindestens bis zum 14. Jahrhundert (wir können dies aus den Touren verstehen, die Shankara, Ramanuja und Vedanta Desika durch ganz Indien machten und deren Erzählungen). Und noch einmal: Wer Sanskrit wirklich beherrschen will, der möge sich zunächst einmal die Sprechweise eines Hindu angewöhnen bzw. soviel Indisch wie möglich HÖREN.

Wie hat der Niedergang des Sanskrit begonnen? Die Menschen trauten einander nicht mehr. Sie verbargen ihre wahren Gedanken hinter den immer dichter werdenden Hüllen und das Heilige Sanskrit wurde zu den unheiligen Sprachen von heute. So lehrt *DAS BUCH DES LICHTS.*

Weitere Übungen. Wieder links zuerst lesen, dann übersetzen und rechts checken.

अश्वः कथं धावति? अश्वः शीघ्रं धावति। Wie läuft das Pferd? Das Pferd läuft schnell.
गजः कथं गच्छति? गजः मन्दं गच्छति। Wie geht der Elefant? Der Elefant geht langsam.

सिंहः कथं गर्जति? सिंहः उच्चैः गर्जति। Wie brüllt der Löwe? Der Löwe brüllt laut.

ऋषिः कथं ध्यानं करोति? ऋषिः शनैः ध्यानं करोति। Wie meditiert der Rishi? Der Rishi meditiert in der Stille.

गायकः कथं गायति? गायकः सम्यक् गायति। Wie singt der Sänger? Der Sänger singt gut.

छात्रः कथं पठति ? छात्रः उच्चैः पठति | Wie liest der Schüler (masc.)? Der Schüler liest laut.

संयमी कथं ध्यानं करोति ? संयमी शनैः ध्यानं करोति | Wie meditiert der Asket? Der Asket meditiert schweigend.

विमानं कथं गच्छति? विमानं शीघ्रं गच्छति | Wie fliegt das Flugzeug? Das Flugzeug fliegt schnell.

शकटः कथं गच्छति? शकटः मन्दं गच्छति | Wie fährt der Wagen? Der Wagen fährt langsam.

बालिका कथं लिखति? बालिका सम्यक् लिखति | Wie schreibt das Mädchen? Das Mädchen schreibt gut.

यानानि मार्गे कथं चलन्ति? यानानि मार्गे शीघ्रं चलन्ति। Wie bewegen sich die Fahrzeuge auf der Straße? Die Fahrzeuge bewegen sich schnell auf der Straße.

शिशुः भूमौ कथं रिङ्गति ? शिशुः मन्दं रिङ्गती । Wie krabbelt das Baby auf dem Boden? Das Baby krabbelt langsam.

माता पुत्रं कथं तर्जयति ? माता पुत्रम् उच्चैः तर्जयति। Wie schimpft die Mutter mit ihrem Sohn? Die Mutter schimpft laut mit ihrem Sohn.

गुरोः पुरतः शिष्यः कथं उक्तवान् ? गुरोः पुरतः शिष्यः शनैः उक्तवान्। Wie sprach der Schüler vor dem Lehrer? Der Schüler sprach leise vor dem Lehrer.

नटी चलच्चित्रे कथं अभिनयती ? नटी चलच्चित्रे सम्यक् अभिनयति ।
Wie verhält sich die Schauspielerin im Film? Die Schauspielerin spielt gut im Film.

सा कथं गायति? Wie singt sie?

सा सम्यक् गायति। Sie singt gut.

मृगः कथं धावति? Wie läuft der Hirsch?

मृगः शीघ्रं धावति। Der Hirsch läuft schnell.

चटकाः कथं कूजति? Wie zirpen die Spatzen?

चटकाः उच्चैः कूजति। Die Spatzen zirpen laut.

यानं कथं गच्छति? Wie fährt das Fahrzeug?
(न.पु) Das Fahrzeug fährt langsam.

यानं मन्दं गच्छति। एतस्मिन् वने सन्ति। औषधानि एतयोः वनयोः सन्ति। औषधानि एतेषु वनेषु सन्ति।
Medizin wächst in diesem Wald. Medizin wächst in diesen beiden Wäldern. Medizin wächst in diesen Wäldern.

अध्यापकः कथं शिक्षयति? Wie unterrichtet der Lehrer?

अध्यापकः सम्यक् शिक्षयति। Der Lehrer unterrichtet gut.

शुनकः कथं धावति ? । Wie läuft der Hund?

शुनकः शीघ्रं धावति Der Hund rennt schnell.

**Pronomen im Lokativ**
**Beispiele**

एतस्मिन् विद्यालये पठति। पुत्राः एतयोः विद्यालययोः पठन्ति। पुत्राः एतेषु विद्यालयेषु पठन्ति।

Der Sohn studiert in dieser Schule. Söhne studieren in diesen beiden Schulen. Söhne studieren in diesen Schulen.

वस्त्राणि तस्यां पेटिकायां सन्ति। वस्त्राणि तयोः पेटिकयोः सन्ति। वस्त्राणि तासु पेटिकासु सन्ति।

Tücher sind in dieser Kiste. Tücher sind in diesen beiden Kisten. Tücher sind in diesen Kisten.

औषधानि व्याघ्राः एतस्मिन् वने सञ्चरन्ति। व्याघ्राः एतयोः वनयोः सञ्चरन्ति। व्याघ्राः एतेषु वनेषु सञ्चरन्ति।

Tiger durchstreifen diesen Wald. Tiger durchstreifen diese beiden Wälder. Tiger durchstreifen diese Wälder.

एतस्यां नद्यां जनाः स्नानं कुर्वन्ति। एतयोः नद्योः जनाः स्नानं कुर्वन्ति। एतासु नदीषु जनाः स्नानं कुर्वन्ति।

Die Leute baden in diesem Fluss. In diesen beiden Flüssen baden die Menschen. In diesen Flüssen baden die Menschen.

एतस्मिन् गिरौ ऋषयः निवसन्ति। एतयोः गिर्वोः ऋषयः निवसन्ति। एतेषु गिरिषु ऋषयः निवसन्ति।

Auf diesem Berg leben Weise. Auf diesen beiden Bergen leben Weise. Auf diesen Bergen leben Weise.

(पतस्मिन् प्रदेशे वर्षा भवति । तयोः प्रदेषयोः वर्षा भवति । तेषु प्रदेशेषु वर्षा भवति ।

Es regnet in dieser Region. In diesen beiden Regionen regnet es. In diesen Regionen regnet es.

एतस्यां पाठशालायां परीक्षा भवति । एतयोः पाठशालयोः परीक्षा भवति। एतासु पाठशालासु परीक्षा भवति ।
In dieser Schule findet die Prüfung statt. In diesen beiden Schulen findet die Prüfung statt. In diesen Schulen findet die Prüfung statt.

एतस्मिन् भाण्डे जलं पूरयतु । एतयोः भाण्डयोः जलं पूरयतु। एतेषु भाण्डेषु जलं पूरयतु
Füllen Sie Wasser in dieses Gefäß. Füllen Sie Wasser in diese beiden Gefäße. Füllen Sie Wasser in diese Gefäße.

युवयोः ज्येष्ठयोः आदरं दर्शयतम् | Erweisen Sie Ihren beiden Ältesten Respekt.

युष्मासु ज्येष्ठेषु आदरं दर्शयत | Zeigen Sie Ihren Älteren Respekt.

फलम् एतस्मिन् कण्दोले अस्ति. फलानि एतस्मिन् कण्डोलयोः सन्ति फलानि एतस्मिन कण्दोलेषु सन्ति
Früchte sind in diesem Korb. Früchte sind in diesen beiden Körben. Früchte sind in diesen Körben.

(स्त्री )वस्तूनि एतस्मिन् कपाटिकायाम् अस्ति . वस्तूनि एतस्मिन् कपाटिकयोः सन्ति वस्तूनि एतस्मिन्
कपाटिकासु सन्ति
Sachen in diesem Schrank. Sachen in diesen zwei Schränken. Dinge in diesen Schränken.

JETZT WIRD ES ERNST!

🙁

Nach einem Jahr Sanskrit Studium, mindestens 2 Stunden täglich, müsstest du in der Lage sein, dies zu übersetzen! Es sind Fragen und Antworten!* (Übersetzung Seite 147).

नमस्ते महोदय।

१.कर्मेन्द्रियाणि=कर्म+इन्द्रियाणि(अ+इ)(३.६)

२.पुरोवाच=पुर+उवाच(अ+उ)(३.१०)

३.कालेनेह=कालेन+इह(अ+इ)(४.२)

४.ब्रह्मोद्भवम्=ब्रह्म+उद्भवम्(अ+उ)(३.१५)

५.यथोल्बेनावृतो=यथा+उल्बेनावृतो(आ+उ)(३.३८)

१.तेनेदम् कार्यं करणीयम्। तेन+इदम्(अ+इ)

२.गीतेव सा पठति। गीता+इव(आ+इ)

३.कथोक्त्वा छात्र: उपाविशत्। कथा+उक्त्वा(आ+उ)

४.शिक्षक: सप्तोदाहरणानि दत्तवान्। सप्त+उदाहरणानि(अ+उ)

५.वर्षर्तु: रमणीय: अस्ति। वर्षा+ऋतु: (आ+ऋ)

धन्यवाद:

मम द्वितीयस्य भागस्य तृतीये वाक्ये दोष: अस्ति।

पुन: प्रेषयामि।

---

* Beachte: Diese Zeichen ◌)im folgenden Abschnitt deuten auf die Stelle für den Sandhi, also das Zusammentreffen zweier Vokale.

३.पितोक्त्वा बहि: गच्छति। पिता+उक्त्वा (आ+उ=ओ)

व्यामिश्रेणेव=व्यामिश्रेण इव (अ इ) (गी ३.२)

कर्मेन्द्रियाणि=कर्म +इन्द्रियाणि (अ+ इ)(गी ३.५)

पुरोवाच= पुर+ उवाच (अ+ उ)(गी ३.१०)

ब्रह्मोद्भवम्=ब्रह्म् +उद्भवम् (अ+ उ)(गी ३.१५)

वृक्षाः फलन्ति परोपकराय| पर +उपकराय (अ+ उ)

महर्षीणाम् अहम् भृगु| मह +ऋषीणाम् (अ +ऋ)

नमोनमः

श्लोकेभ्य:।

दृष्टवेमम् (दृष्ट्वा + इमम् = आ+ इ ->ए)(१.२८)

विनद्योच्चै (विनद्य+ उच्चै= अ+उ->ओ)(१.१२)

त्यक्त्वोत्तिष्ठ(त्यक्त्वा+ उत्तिष्ठ =आ+उ ->ओ)(२.३)

चोर्ध्वम् (च +ऊर्ध्वम्= अ +ऊ ->ओ)(१५.२)

महर्षयः (महा +ऋषयः =आ+ऋ ->अर्)(१०.६)

स्वसरलसम्भाषणवाक्यानि।

पुणेनगरस्य गणेशोत्सवः (गणेश उत्सव= अ+उ ->ओ) दर्शनीयम्।

श्वः शारदोत्सवः (शारदा+ उत्सव =आ+उ->ओ) नास्ति।

वर्षार्तौ (वर्षा +ऋतु =आ+ऋ ->अर्) मयुरं मोदते।

मधुरं मोदकं मालेच्छति(माला +इच्छति =आ +इ ->ए)।

उत्तिष्ठतु इति मातोक्तवति (माता +उक्तवति= आ+उ->ओ)।

धन्यवादः

नमोनमः,

गुणसन्धेः उदाहरणानि :

१. महेश्वरः - महा+ईश्वरः ( आ+ई= ए)

२.सूर्योदयः - सूर्य + उदयः ( अ + उ = ओ)

३. गङ्गोदकम् - गङ्गा + उदकम् (आ + उ = ओ)

४. चन्द्रोदयः - चन्द्र + उदयः (अ+उ = ओ)

५. गणेशः - गण + ईशः (अ+ई = ए)

पञ्च वाक्यानि -

१. सः महर्षिः अस्ति । (महा + ऋषिः - आ + ऋ = अर्)

२. मनुष्याः पापानि नेच्छति ।(न+इच्छति - अ+इ = ए )

३. बालकः महोन्नतिः प्राप्तवान् ।(महा + उन्नतिः - आ +उ = ओ)

४. यशोदः श्रीकृष्णस्य मातेव । (माता + इव - आ +इ= ए)

५. देवेन्द्रः देवानां अधिपतिः।(देव+इन्द्रः = अ +इ=ए)

धन्यवादः।

गुण सन्धेः उदाहराणि

१. कूजन्तं राम रामेति

राम+इति. अ+इ =ए

२. यदृच्छया चाेपपन्नं

च+उपपन्नं. अ+उ=ओ

३. नाकृतेनेह

नाकृतेन+इह. अ+इ. ए

४. यत्वयाेक्त

यत्+त्वया+ उक्तम् आ+उ. ओ

५. पुरुषोत्तम. पुरुष+ उत्तम

अ+उ =ओ

वाक्यानि

१. पदं द्विविधं - नामपदं ,क्रियापदं चेति

च+इति. अ+इ = ए

२. विश्वामित्र: राजर्षि: आसीत्

राज+ऋषि= अ+ऋ =अर्

३.हिमालय: महोन्नत: अस्ति

महा+उन्नत: आ+उ=ओ

४. महेश्वर: कैलासे वसति

महा+ईश्वर: आ+ई=ए

५. प्रात:काले सूर्योदय: भवति

सूर्य+उदय: अ+उ= ओ

हरिः ॐ |

**श्लोकेभ्यः**

१. परमात्पमेति = परमात्रमा + इति (आ + इ = ए ) (१६.२१)

२. तथोपलभ्यते = तथा + उपलभ्यते (आ + उ = ओ ) (१५.३)

३. महर्षयः = महा + ऋषयः (आ +ऋ = अर् ) (१०.६ )

४. चोर्ध्वम् = च + ऊर्ध्वम् ( आ + ऊ = ओ ) (१५.२)

५. त्वयोक्तम् = त्वया + उक्तम् ( आ + उ = ओ) (११.१)

**सरलसम्भाषणवाक्यानि**

१. रामः मधुरं नेच्छति | (न + इच्छति = अ + इ = ए )

२. अहं नोन्नतः अस्मि | ( न + उन्नतः =अ +उ = ओ)

३. त्वं प्रश्नोत्तरं पठसि | ( प्रश्न + उत्तरं = आ + उ = ओ )

४. सः प्राचीनोक्तिं वदति | ( प्राचीना + उक्तिम् = आ + उ = ओ)

५ . नारदः एकः देवर्षिः | (देव + ऋषिः = आ + ऋ = अर् )

धन्यवादः |

अभ्यासः ५ गुण सन्धिः

श्लोकेभ्यः

१. पितेव = पिता + इव् (आ + इ) - (गी.११.४४)

२. वरुणेन्द्रः = वरुण + इन्द्रः (अ + इ) - (गी.ध्.९)

३. पदक्रमाेपनिषदैः = पदक्रम + उपनिषदैः (अ + उ) - (गी.ध्.९)

४. अस्याेपजायते= असिय + उपजीयते (अ + उ) - (गी.२.६५)

५. पुराेवाच = पुरा + उवाच (आ + उ) - (गी.३.१०)

स्वसरलसम्भाषणवाक्यानि

१. पत्नी मातेव पचति ।माता + इव (आ + इ)

२. सः मधुरं नेच्छति । न + इच्छति (अ+ इ)

३. यथाेक्तं तथा करणीयम् । यथा + उक्तम्

(अा + उ)

४. सत् कार्यं परमाेन्नतम् । परम + उन्नतम् (अ + उ)

५. महर्षयः आरण्ये वसन्ति। महा ऋषयअा+ ऋ)

१. इष्टानिष्टोपपत्तिषु = इष्टानिष्टा + उपपत्तिषु (आ + उ = ओ) - (गी.13.9)

२. सर्वेन्द्रियविवर्जितम् = सर्व + इन्द्रियविवर्जितम् (अ + इ = ए) - (गी.13.14)

३. कालेनेह = कालेन + इह (अ + इ = ए) - (गी.4.2)

४. तेनेदमावृतम् = तेन + इदमावृतम् (अ + इ = ए) - (गी.3.37)

५. यथोक्तम् = यथा + उक्तम् (आ + उ = ओ) - (गी.12.20)

१. सज्जनः परोपकारं करोति। पर + उपकारः (अ +उ )

२. मुनुष्यः मरणं नेच्छति । न + इच्छति (अ + इ)

३. सूर्योदयः पञ्चवादने भवति । सूर्य + उदयः (अ + उ)

४. भक्ताः परमेश्वरम् नमन्ति । परम + इश्वरः (अ + इ)

५. आचार्यः हितोपदेशं करोति । हित + उपदेशः (अ+ उ)

I.

भूतभाव + उद्भवकरः = भुतभावोद्भवकरः (अ + उ = ऑ)

पुरुष + उत्तमः = पुरुषोत्तमः (अ + उ = ऑ)

नैव + इह = नैवेह (अ + इ = ए)

एव + इति = एवेति (अ + इ = ए)

नील + उत्पला = नीलोत्पला (अ + उ = ऑ)

II.

मातेव पाकं करोमि।

शिशुः भक्षणं नेच्छति। न + इचछति (अ + इ = ए)

व्यासर्षिणा महाभारतं लिखितम्। व्यास + ऋषिणा (अ + ऋ = अर्)

अद्यतन पाठं उत्तमोत्तमम्। उत्तम + उत्तमम् (अ + उ = ऑ)

श्रीकृष्णेन गीतोपदेशम् कृतम। गीत + उपदेशम् (अ + उ = ओ)

३.कथोक्त्वा छात्रः उपाविशत्। कथा+उक्त्वा(आ+उ)

कथा - अत्र का विभक्तिः भवति?

हरणानि

वर्षर्तु

इदं समासस्योदाहरणमस्ति। वाक्यस्योदाहरणमावश्यकम्।

अन्यानि वाक्यानि सम्यक्सन्ति।

परोपकराय

महर्षीणाम्

सन्ध्युदाहरणानि नावश्यकान्यत्र।

पुणेनगरस्य गणेशोत्सवः (गणेश उत्सव= अ+उ ->ओ) दर्शनीयम्।
श्वः शारदोत्सवः (शारदा+ उत्सव =आ+उ->ओ) नास्ति।
वर्षार्तौ (वर्षा +ऋतु =आ+ऋ ->अर्) मयुरं मोदते।
मधुरं मोदकं मालेच्छति(माला +इच्छति =आ +इ ->ए)।
उत्तिष्ठतु इति मातोक्तवति (माता +उक्तवति= आ+उ->ओ)।
सन्ध्युदाहरणानि नावश्यकान्यत्र।

**Deutsche Übersetzung**

नमस्ते महोदय।

namaste mahodaya।
Seien Sie gegrüßt, mein Herr!

१. कर्मेन्द्रियाणि = कर्म +इन्द्रियाणि (अ+इ)(३.६)
1.karmendriyāṇi=karma+indriyāṇi (a+i)(3.6
(Die fünf karmischen Arbeitssinne oder Handlungsorgane: der Mund (mit der Doppelfunktion des Sprechens und Essens), die Hände, die Beine, die Genitalien und das Rektum.)

२.पुरोवाच=पुर+उवाच( अ+उ)(३.१०)
2.purovāca=pura+uvāca( a+u)(3.10)
(Schon lange gesagt/zuvor schon gesagt/früher schon gesagt)

३.कालेनेह=कालेन+इह( अ+इ)(४.२)

3.kāleneha=kālena+iha( a+i)(4.2)
(Mit der Zeit, in diesem Universum)

४.ब्रह्मोद्भवम्=ब्रह्म+उद्भवम् (अ+उ)(३.१५)
4.brahmodbhavam=brahma+udbhavam (a+u)(3.15)
(Geboren aus der Höchsten Wirklichkeit, Brahman.)

५.यथोल्बेनावृतो=यथा+उल्बेनावृतो (आ+उ)(३.३८)
5.yatholbenāvṛto=yathā+ulbenāvṛto (ā+u)(3.38)
(So wie vom Mutterleib bedeckt)

१.तेनेदम् कायं करि◌ीयम्। तेन+इदम्(अ+इ)

1.tenedam kāryaṃ karaṇīyam। tena+idam(a+i)

(Diese Arbeit muss von ihm ausgeführt werden.)

२.गीतेव सा पठणत। गीता+इव(आ+इ)

2.gīteva sā paṭhati। gītā+iva(ā+i)

Sie liest wie Gita (Gita ist ein Name in diesem Kontext. Nicht Bhagavad Gita).

३.कथोक्त्वा छात्र: उपाणवशत्। कथा+उक्त्वा(आ+उ)

3.kathoktvā chātra: upāviśat। kathā+uktvā(ā+u)

(Der Schüler setzte sich, als er die Geschichte erzählt hatte.)

४.णशक्षक: सप्तोदाहरि◌ाणन दत्तवान्। सप्त+उदाहरि◌ाणन(अ+उ)

4.śikṣaka: saptodāharaṇāni dattavān। sapta+udāharaṇāni(a+u)

(Der Lehrer nannte sieben Beispiele)

५.वर्मतुम: रमि◌ीय: अन्द्रस्त। वर्◌ाम+ऋतु: (आ+ऋ)

5.varṣartu: ramaṇīya: asti। varṣā+ṛtu: (ā+ṛ)

(Die Regenzeit ist zauberhaft)

धन्यवाद:

dhanyavāda:
(Danke)

मम णितीयस्य भागस्य तृतीये वाक्ये दोर्: अन्द्रस्त।

mama dvitīyasya bhāgasya tṛtīye vākye doṣa: asti।
(Es ist ein Fehler im dritten Satz meines zweiten Teils aufgetreten.)

पुन: प्रेर्याणम।

puna: preṣayāmi।
(Ich schicke es noch einmal/Ich schicke es erneut).

३.णपतोक्त्वा बणह: गच्छणत। णपता+उक्त्वा (आ+उ=ओ)

pitoktvā bahi: gacchati। pitā+uktvā (ā+u=o)
(Der Vater informiert und geht hinaus.)

व्याणमश्रेिेव=व्याणमश्रेि इव (अ इ) (गी ३.२)
vyāmiśreṇeva=vyāmiśreṇa iva (a i) (gī 3.2)
(doppeldeutig)

कमेन्द्रियाणि=कमम +इन्द्रियाणि (अ+ इ)(गी ३.५)
karmendriyāṇi=karma +indriyāṇi (a+ i)(gī 3.5)
(Die fünf Sinnesorgane in Aktion)

पुरोवाच= पुर+ उवाच (अ+ उ)(गी ३.१०)
purovāca= pura+ uvāca (a+ u)(gī 3.10)
(Schon lange gesagt/zuvor schon gesagt/früher schon gesagt)

ब्रह्मोद्भवम्=ब्रह्म् +उद्भवम् (अ+ उ)(गी ३.१५)
brahmodbhavam=brahm +udbhavam (a+ u)(gī 3.15)
(Geboren aus der Höchsten Wirklichkeit, Brahman)

वृक्षा◌ा◌ः फलन्द्रि परोपकराय| पर +उपकराय (अ+ उ)
vṛkṣāḥ phalanti paropakarāya| para +upakarāya (a+ u)
(Die Bäume tragen die Früchte zum Wohle anderer.)

महर्◌ीि◌ाम् अहम् भृगु| मह +ऋर्◌ीि◌ाम् (अ +ऋ)
maharṣīṇām aham bhṛgu| maha +ṛṣīṇām (a +ṛ)
(Ich bin Bhrigu unter den großen Sehern.)

नमोनमाः श्लोके भ्यः

namonamaḥ ślokebhya:।
(Viele Grußformeln für die Verse)

दृष्टवेमम् (दृष्ट्वा + इमम् = आ+ इ →ए)(१.२८)
dṛṣṭavemam (dṛṣṭvā + imam = ā+ i →e)(1.28)
(Nachdem ihr dies gesehen habt)

णवनद्योच्चै (णवनद्य+ उच्चै= अ+उ→ओ)(१.१२)
vinadyoccai (vinadya+ uccai= a+u→o)(1.12)
(und es sehr laut erklungen ist)

त्यक्त्वोणत्तष्ठ(त्यक्त्वा+ उणत्तष्ठ =आ+उ →ओ)(२.३)
tyaktvottiṣṭha(tyaktvā+ uttiṣṭha =ā+u →o)(2.3)
(Steht auf und lasst es hinter euch.)

चोध्र्मम् (च +ऊध्र्मम्= अ +ऊ →ओ)(१५.२)
cordhvam (ca +ūrdhvam= a +ū →o)(15.2)
(und darüber)
महर्मयाः (महा +ऋर्याः =आ+ऋ →अर्)(१०.६)
maharṣayaḥ (mahā +ṛṣayaḥ =ā+ṛ →ar)(10.6)
(Große Seher)

स्वसरलसम्भार्िवाक्याणन।

svasaralasambhāṣaṇavākyāni |
(Eigene einfache Redewendungen)

पुिेनगरस्य गिेशोत्सवाः (गिेश उत्सव= अ+उ ->ओ) दशमनीयम्।

puṇenagarasya gaṇeśotsavaḥ (gaṇeśa utsava= a+u ->o) darśanīyam |
(Das Ganesha-Fest in der Stadt Pune ist ein Muss.)

श्वाः शारदोत्सवाः (शारदा+ उत्सव =आ+उ->ओ) नान्द्रस्त।

śvaḥ śāradotsavaḥ (śāradā+ utsava =ā+u->o) nāsti |
(Morgen gibt es kein Sarada-Fest)

वर्ामतौ (वर्ाम +ऋतु =आ+ऋ ->अर्) मयुरं मोदते।

varṣārtau (varṣā +ṛtu =ā+ṛ ->ar) mayuraṃ modate |
(Der Pfau schmeckt in der Regenzeit.)

मधुरं मोदकं मालेच्छणत(माला +इच्छणत =आ +इ ->ए)।

madhuraṃ modakaṃ mālecchati(mālā +icchati =ā +i ->e) |
(Mala liebt das süße Gericht.)

उणत्तष्ठतु इणत मातोक्तवणत (माता +उक्तवणत= आ+उ->ओ)।

uttiṣṭhatu iti mātoktavati (mātā +uktavati= ā+u->o) |
(Mutter bittet darum, aufzustehen)

धन्यवादः

dhanyavāda:
(Danke)

नमोनमाः,गुिसन्ेाः उदाहरिाणन :

namonamaḥ,guṇasandheḥ udāharaṇāni :

(Viele Grußformeln, Beispiele für ‚Guna Sandhi‘)

१. महेश्वराः - महा+ईश्वराः ( आ+ई= ए)1.
maheśvaraḥ - mahā+īśvaraḥ ( ā+ī= e)
(Gott Shiva)

२.सूयोदयाः - सूयम + उदयाः ( अ + उ = ओ)
2.sūryodayaḥ - sūrya + udayaḥ ( a + u = o)
(Der Sonnenaufgang)

३. गङ्गोदकम् - गङ्गा + उदकम् (आ + उ = ओ)3.
gaṅgodakam - gaṅgā + udakam (ā + u = o)
(Das Wasser des Ganges)

४. चि◌ोदयाः - चि + उदयाः (अ+उ = ओ)
4. candrodayaḥ - candra + udayaḥ (a+u = o)
(Der Mondaufgang)

५. गि◌ेशाः - गि + ईशाः (अ+ई = ए)
5. gaṇeśaḥ - gaṇa + īśaḥ (a+ī = e)
(Gott Ganesha)

पञ्च वाक्याणन -
pañca vākyāni -
(Fünf Sätze)

१. साः महणर्माः अन्द्रस्त । (महा + ऋणर्◌ा◌ः - आ + ऋ = अर्)
1. saḥ maharṣiḥ asti । (mahā + ṛṣiḥ - ā + ṛ = ar)
(Er ist ein großer Seher)

२. मनष्याः पापाणन नेच्छणत ।(न+इच्छणत - अ+इ = ए )

2. manuṣyāḥ pāpāni necchati |(na+icchati - a+i = e )
(Menschen mögen keine Sünden.)

३. बालकाः महोन्नणताः प्राप्तवान् |(महा + उन्नणत: - आ +उ = ओ)

3. bālakaḥ mahonnatiḥ prāptavān |(mahā + unnati: - ā +u = o)
(Der Junge erreichte große Höhen.)

४. यशोदाः श्रीकृ ष्णस्य मातेव | (माता + इव - आ +इ= ए)

4. yaśodaḥ śrīkṛṣṇasya māteva | (mātā + iva - ā +i= e)
(Yashoda ist wie eine Mutter für Sri Krishna.)

५. देवेन्द्रः देवानां अणधपणताः|(देव+इ◌ि◌ा◌ः = अ +इ=ए)

5. devendraḥ devānāṃ adhipatiḥ|(deva+indraḥ = a +i=e)
(Devendra, Gott Indra, ist der König der Götter.)

धन्यवादाः|

dhanyavādaḥ|
(Danke)

गुण सन्धे उदाहराणि

guṇa sandhe: udāharāṇi
(Beispiele für Guna Sandhi)

१. कू जिं राम रामेणत

1. kūjantaṃ rāma rāmeti
(Er, der „Rama! Rama!“ singt)

राम+इणत. अ+इ =ए

rāma+iti. a+i =e
(Als Rama)

२. यदृच्छया चा◌े◌ेपपन्नं

2. yadṛcchayā cāepapannaṃ
(Und es geschah unerwartet)

च+उपपन्नं. अ+उ=ओ

ca+upapannaṃ. a+u=o
(Und es geschah)

३. नाकृ तेनेह

3. nākṛteneha
(Nicht durch Nichtstun)

नाकृ तेन+इह. अ+इ. ए

nākṛtena+iha. a+i. e
(Nicht durch Nichtstun)

४. यत्वया◌े◌ेक्त

4. yatvayokta
(Was auch immer du sagst)

यत्+त्वया+ उक्तम् आ+उ. ओyat+tvayā+ uktam ā+u. O

Yat tvaya uktam
(Was auch immer du sagst)

५. पुरुर्◌ा◌े◌ेत्त्म. पुरुर्+ उत्तम

5. puruṣottma.
(Das Höchste Wesen)

puruṣa+ uttama

अ+उ =ओ

a+u =o

वाक्याणन

4. maheśvara: kailāse vasati
(Gott Maheshwara lebt in Kailasa.)

महा+ईश्वर: आ+ई=ए

mahā+īśvara: ā+ī=e
Großer Gott (Gott Shiva)

५. प्रात:काले सूयामे ेदय: भवणत

5. prāta:kāle sūryodaya: bhavati
(Die Sonne geht früh am Morgen auf)

सूयम+उदय: अ+उ= ओ

sūrya+udaya: a+u= o
(Sonnenaufgang)

हरराः ॐ |

hariḥ oṃ |
(Dies ist nur die Aussprache des Namens von Gott Hari, ebenfalls bekannt als Gott Vishnu.
Die Menschen verwenden dies im Allgemeinen auch als Gruß. Es ähnelt dem Gruß „Gott ist groß" oder auch „Gelobt sei Jesus Christus".)

श्लोके भ्य:

ślokebhyaḥ
(Aus Versen)

१. परमात्पमेणत = परमात्रमा + इणत (आ + इ = ए ) (१६.२१)

1. paramātpameti = paramātramā + iti (ā + i = e ) (16.21)
(Als Höchstes Selbst)

२. तथोपलभ्यते = तथा + उपलभ्यते (आ + उ = ओ ) (१५.३)
2. tathopalabhyate = tathā + upalabhyate (ā + u = o ) (15.3)
(Verfügbar wie dieses)

३. महर्मयाः = महा + ऋर्याः (आ +ऋ = अर् ) (१०.६ )
3. maharṣayaḥ = mahā + ṛṣayaḥ (ā +ṛ = ar ) (10.6 )
(Große Seher)

४. चोर्ध्मम् = च + ऊर्ध्मम् ( आ + ऊ = ओ ) (१५.२)
4. cordhvam = ca + ūrdhvam ( ā + ū = o ) (15.2)
(und darüber)

५. त्वयोक्तम् = त्वया + उक्तम् ( आ + उ = ओ) (११.१)
5. tvayoktam = tvayā + uktam ( ā + u = o) (11.1)
(von dir gesagt)

सरलसम्भाषणवाक्यानि
saralasambhāṣaṇavākyāni
(Einfache Redewendungen)

१. रामाः मधुरं नेच्छणत | (न + इच्छणत = अ + इ = ए )
1. rāmaḥ madhuraṃ necchati | (na + icchati = a + i = e )
(Rama mag keine Süßigkeiten.)

२. अहं नोन्नताः अन्द्रि | ( न + उन्नताः =अ +उ = ओ)
2. ahaṃ nonnataḥ asmi | ( na + unnataḥ =a +u = o)
(Ich bin nicht groß.)

३. त्वं प्रश्नोत्तरं पठणस | ( प्रश्न + उत्तरं = आ + उ = ओ )
3. tvaṃ praśnottaraṃ paṭhasi | ( praśna + uttaraṃ = ā + u = o )
(Sie lesen die Frage & Antworten.)

४. साः प्राचीनोन्द्रक्तं वदणत | ( प्राचीना + उन्द्रक्तम् = आ + उ = ओ)
4. saḥ prācīnoktiṃ vadati | ( prācīnā + uktim = ā + u = o)
(Er sagt das alte Sprichwort auf.)

५ . नारदाः एकाः देवणर्माः | (देव + ऋणर्◌ा◌ः = आ + ऋ = अर् )
5 . nāradaḥ ekaḥ devarṣiḥ | (deva + ṛṣiḥ = ā + ṛ = ar )
(Narada ist ein göttlicher Seher.)

धन्यवादाः |
dhanyavādaḥ |
(Danke)

अभ्यास: ५ गुि◌ सन्द्रन्:
abhyāsa: 5 guṇa sandhi:
(Übung 5, Guna Sandhi)

श्लोके भ्याः
ślokebhyaḥ
(Aus Versen)

१. णपतेव = णपता + इव् (आ + इ) - (गी.११.४४)
1. piteva = pitā + iv (ā + i) - (gī.11.44)
(Wie Vater)

२. वरुि◌◌ेि◌: = वरुि◌ + इि◌: (अ + इ) - (गी.ध्.९)
2. varuṇendra: = varuṇa + indra: (a + i) - (gī.dh.9)
(Dies ist ein Substantiv. Also nicht übersetzen.)

३. पदिमा◌े◌ेपणनर्दै◌ा◌ः = पदिम + उपणनर्दै◌ा◌ः (अ + उ) - (गी.ध्.९)
3. padakramāepaniṣadaiḥ = padakrama + upaniṣadaiḥ (a + u) - (gī.dh.9)
(Von den Padakramas und Upanishads)

४. अस्याेेपजायते= अणसय + उपजीयते (अ + उ) - (गी.२.६५)

4. asyāepajāyate= asiya + upajīyate (a + u) - (gī.2.65)
(Erhebt sich dorthin)

५. पुराेेवाच = पुरा + उवाच (आ + उ) - (गी.३.१०)

5. purāevāca = purā + uvāca (ā + u) - (gī.3.10)
(Schon lange gesagt/ zuvor schon gesagt/ früher schon gesagt)

स्वसरलसम्भार्िवाक्याणन

svasaralasambhāṣaṇavākyāni
(Einfache Redewendungen)

१. पत्नी मातेव पचणत ।माता + इव (आ + इ)

1. patnī māteva pacati ।mātā + iva (ā + i)

(Die Ehefrau kocht wie meine Mutter.)

२. स: मधुरं नेच्छणत । न + इच्छणत (अ+ इ)

2. sa: madhuraṃ necchati । na + icchati (a+ i)

(Er mag keine Süßigkeiten.)

३. यथाेेक्तं तथा करिीयम् । यथा + उक्तम्

(अेा + उ)

3. yathāektaṃ tathā karaṇīyam । yathā + uktam

(aā + u)
(Es muss so gemacht werden wie besprochen.)

४. सत् कायं परमाेेन्नतम् । परम + उन्नतम् (अ + उ)

4. sat kāryaṃ paramāennatam । parama + unnatam (a + u)

(Eine gute Tat ist die größte Tat.)

५. महर्मय: आरण्ये वसन्द्रि। महा ऋर्यअ◌े◌ा+ ऋ)

5. maharṣaya: āraṇye vasanti। mahā ṛṣayaaā+ ṛ)
(Große Seher leben in den Wäldern.)

१. इष्टाणनष्टोपपणत्तर्◌ु = इष्टाणनष्टा + उपपणत्तर्◌ु (आ + उ = ओ)
1. iṣṭāniṣṭopapattiṣu = iṣṭāniṣṭā + upapattiṣu (ā + u = o)
(Beim Auftreten der Vorlieben und Abneigungen)

२. सवेन्द्रियणववणजमतम् = सवम + इन्द्रियणववणजमतम् (अ + इ = ए)
2. sarvendriyavivarjitam = sarva + indriyavivarjitam (a + i = e)
(Ohne jeden Sinn)

३. कालेनेह = कालेन + इह (अ + इ = ए)
3. kāleneha = kālena + iha (a + i = e)
(Mit der Zeit, in diesem Universum)

४. तेनेदमावृतम् = तेन + इदमावृतम् (अ + इ = ए)
4. tenedamāvṛtam = tena + idamāvṛtam (a + i = e)
(Es wird davon abgedeckt)

५. यथोक्तम् = यथा + उक्तम् (आ + उ = ओ)
5. yathoktam = yathā + uktam (ā + u = o)
(Wie gesagt)

१. सज्जनाः परोपकारं करोणत। पर + उपकार: (अ +उ )
1. sajjanaḥ paropakāraṃ karoti। para + upakāra: (a +u )
(Ein guter Mensch hilft anderen)

२. मुनुष्◌ा◌ः मरिं नेच्छणत । न + इच्छणत (अ + इ)
2. munuṣyaḥ maraṇaṃ necchati । na + icchati (a + i)
(Der Mensch hasst den Tod.)

३. सूयोदयाः पञ्चवादने भवणत । सूयम + उदयाः (अ + उ)
3. sūryodayaḥ pañcavādane bhavati । sūrya + udayaḥ (a + u)
(Die Sonne geht um fünf Uhr auf.)

४. भक्ताःाः परमेश्वरम् नमन्द्रि । परम + इश्वराः (अ + इ)
4. bhaktāḥ parameśvaram namanti । parama + iśvaraḥ (a + i)
(Die Anhänger werfen sich vor Gott nieder.)

५. आचायम: णहतोपदेशं करोणत । णहत + उपदेश: (अ+ उ)
5. ācārya: hitopadeśaṃ karoti । hita + upadeśa: (a+ u)
(Der Herr hält eine gute Rede.)

I.
भूतभाव + उद्भवकराः = भुतभावोद्भवकराः (अ + उ = ओ)
bhūtabhāva + udbhavakaraḥ = bhutabhāvodbhavakaraḥ (a + u = ओ)
(Der, der erschafft und das Dasein bewahrt)

पुरुर् + उत्तमाः = पुरुर्ोत्तमाः (अ + उ = ओ)
puruṣa + uttamaḥ = puruṣottamaḥ (a + u = ओ)
(Das höchste Wesen)

नैव + इह = नैवेह (अ + इ = ए)
naiva + iha = naiveha (a + i = e)
(Hier niemals)

एव + इणत = एवेणत (अ + इ = ए)
eva + iti = eveti (a + i = e)
(Wie dies allein)

नील + उत्पला = नीलोत्पला (अ + उ = ऑ)

nīla + utpalā = nīlotpalā (a + u = ऑ)

(Blauer Lotus)

II.

मातेव पाकं करोणम।

māteva pākaṃ karomi।

(Ich koche wie meine Mutter.)

णशशु◌ा◌ः भक्षिं नेच्छणत। न + इचछणत (अ + इ = ए)

śiśuḥ bhakṣaṇaṃ necchati। na + icachati (a + i = e)

(Das Kind mag die kleine Mahlzeit nicht.)

व्यासणर्मि◌ा महाभारतं णलन्द्रितम्। व्यास + ऋणर्◌ि◌ा (अ + ऋ = अर्)

vyāsarṣiṇā mahābhārataṃ likhitam। vyāsa + ṛṣiṇā (a + ṛ = ar)

(Mahabharata wurde von Sage Vyasa geschrieben.)

अद्यतन पाठं उत्तमोत्तमम्। उत्तम + उत्तमम् (अ + उ = ऑ)

adyatana pāṭhaṃ uttamottamam। uttama + uttamam (a + u = ऑ)

(Die heutige Lektion ist die allerbeste.)

श्रीकृ ष्णेन गीतोपदेशम् कृ तम। गीत + उपदेशम् (अ + उ = ओ)

śrīkṛṣṇena gītopadeśam kṛtama। gīta + upadeśam (a + u = o)

(Die Gita-Rede wurde von Sri Krishna vorgetragen.)

३.कथोक्त्वा छात्र: उपाणवशत्। कथा+उक्त्वा(आ+उ)

3.kathoktvā chātra: upāviśat। kathā+uktvā(ā+u)

(Der Schüler setzte sich, nachdem er die Geschichte erzählt hatte.)

कथा - अत्र का णवभन्द्रक्ताः भवणत?

kathā - atra kā vibhaktiḥ bhavati?
Geschichte - Was ist das ‚Vibhakti' hier?

हरि◌ाणन

haraṇāni
(Dieses Wort kann je nach Zusammenhang viele Bedeutungen haben. Einige davon sind: Diebstähle, Hände, etc.)

वर्मतुम

varṣartu
(Es regnet)

इदं समासस्योदाहरिमन्द्रस्त। वाक्यस्योदाहरिमावश्यकम्।

idaṃ samāsasyodāharaṇamasti। vākyasyodāharaṇamāvaśyakam।
(Dies ist ein Beispiel für eine ‚Samasa'. Ein Beispiel für den Satz ist notwendig.)

अन्याणन वाक्याणन सम्यक्सन्द्रि।

anyāni vākyāni samyaksanti।
(Weitere Sätze sind gut.)

परोपकराय

paropakarāya
(Zum Nutzen Anderer)

महर्◌ीि◌ाम्

maharṣīṇām
(Unter großen Sehern/Von großen Sehern)

सन्ध्युदाहरि◌ाणन नावश्यकान्यत्र।

sandhyudāharaṇāni nāvaśyakānyatra।
(Beispiele für „Sandhis" sind hier nicht notwendig)

पु◌ि◌ेनगरस्य गि◌ेशोत्सवाः (गि◌ेश उत्सव= अ+उ ->ओ) दशमनीयम्।

puṇenagarasya gaṇeśotsavaḥ (gaṇeśa utsava= a+u ->o) darśanīyam।

(Das Ganesha-Fest in der Stadt Pune ist ein Muss.)

श्वाः शारदोत्सवाः (शारदा+ उत्सव =आ+उ->ओ) नान्द्रस्त।

śvaḥ śāradotsavaḥ (śāradā+ utsava =ā+u->o) nāsti।

(Morgen gibt es kein Sarada-Fest.)

वर्◌ामतौ (वर्◌ाम +ऋतु =आ+ऋ ->अर्) मयुरं मोदते।

varṣārtau (varṣā +ṛtu =ā+ṛ ->ar) mayuraṃ modate।

(Der Pfau schmeckt in der Regenzeit.)

मधुरं मोदकं मालेच्छणत(माला +इच्छणत =आ +इ ->ए)।

madhuraṃ modakaṃ mālecchati(mālā +icchati =ā +i ->e)।

(Mala mag das süße Gericht.)

उणत्तष्ठतु इणत मातोक्तवणत (माता +उक्तवणत= आ+उ->ओ)।

uttiṣṭhatu iti mātoktavati (mātā +uktavati= ā+u->o)।

(Mutter bat darum, aufzustehen.)

सन्ध्युदाहरि◌ाणन नावश्यकान्यत्र।

sandhyudāharaṇāni nāvaśyakānyatra।

(Beispiele für „Sandhis“ sind hier nicht erforderlich)

Hat *DAS BUCH DES LICHTS* dich jetzt mit Sanskrit richtig durchgeschüttelt? Gut so, DENN: Sanskrit lernt man nicht wie Englisch oder Deutsch oder sonst eine Sprache. Sanskrit ist eine ENERGIE, welche alle Chakrasa aktiviert. Wer glaubt, ein Jahr lang Sanskrit zu üben und es dann zu begreifen, den muss ich enttäuschen. Sanskrit lernt man sein Leben lang oder gar nicht. OM.

APPENDIX

## DER MAHA CHOHAN, SANSKRIT UND DER IRRTUM DER THEOSOPHEN

Der Begriff „Chohan“ taucht in der theosophischen Literatur recht häufig auf, beginnend mit Hinweisen der beiden Meister, die als „M“ bekannt sind und "K. H.", ihrem spirituellen Oberhaupt, ihrem eigenen Meister und Guru, die sie unterschiedlich als Chohan, Cho-Khan und Maha Chohan bezeichnen. In einem ihrer Briefe nennt ihn H.P. Blavatsky den Chohan Rimpoche. Gelegentlich nennen sie ihn auch den Shaberon, einen tibetisch-buddhistischen Begriff, der mit „Erhabener Offizier“ oder „Verehrter Minister“ übersetzt werden kann, und den Hobilgan oder Khobilgan, der anscheinend ein mongolisches Wort ist, das verwendet wird, um sich auf die höher eingeweihten Lamas Tibets zu beziehen, also auf diejenigen, in denen ein hohes spirituelles Wesen – ein Bodhisattva oder Nirmanakaya – inkarniert ist. Rimpoche oder Rinpoche ist ein ehrfürchtiger tibetischer Begriff. Das Wort „Chohan“ sorgt seit langem für Verwirrung. Viele Leute, auch Theosophen, haben behauptet, dass es ein solches Wort weder im Tibetischen noch im Sanskrit gibt. Noch überraschender ist die Tatsache, dass solche Behauptungen oft selbstbewusst von bestimmten Theosophen aufgestellt werden, die sich als Gelehrte und Akademiker der östlichen Wissenschaften ausgeben und als Experten für alles, was mit Tibet, Buddhismus und Hinduismus zu tun hat. „Chohan“ oder „Chokhan“ ist einfach die Schreibweise der Meister und HPB – so phonetisch wie möglich in den Tagen, lange bevor ein standardisiertes System der tibetischen oder Sanskrit-Transliteration etabliert wurde – das tibetische Wort „Chokyong“. Im Wylie-Transliterationssystem wird dasselbe Wort als „chos skyong“ wiedergegeben. Ein Online-Wörterbuch und Glossar mit tibetisch-buddhistischen Begriffen enthält eine Seite zu diesem Wort, die zeigt, dass es das tibetische Äquivalent des Sanskrit-Begriffs „Dharmapala“ ist. Beide Wörter können mit „Dharma-Beschützer“, „Verteidiger des buddhistischen Glaubens“, „Beschützer der buddhistischen Lehre“, „Hüter der Lehren“ und so weiter übersetzt werden. Da die Briefe der

Meister, die Schriften von HPB und der berühmte Brief von Maha Chohan die Trans-Himalaya-Bruderschaft als rein buddhistisch enthüllen, ist es nicht allzu überraschend, dass ein so deutlich tibetisch-buddhistischer Begriff als ehrerbietiger Titel für die Lebenden verwendet wird.

Während der gesamten Geschichte des tibetischen Buddhismus und bis in die Gegenwart wurden viele Lamas verschiedener Schulen und Sekten „Chokyong" oder „Chohan" genannt. Im „Theosophischen Glossar" definiert HPB „Chohan" zu Recht als tibetisches Wort. Es gibt keinen Grund, Theosophen der Unwissenheit oder des Betrugs zu beschuldigen. Es ist vielleicht erstaunlicher, dass diejenigen, die darauf bestehen, dass "das Wort Chohan" nicht existiert", noch nie von dem historischen indischen Rajput-Clan gehört haben, der als Chauhans, Chouhans oder Chohans bekannt ist. Bis heute sind „Chauhan" und „Chohan" in Indien keine ungewöhnlichen Nachnamen. Dieses Wort ist jedoch nicht direkt mit dem tibetischen Wort verwandt. In einem Brief an Col. Olcott, den Master K.H. schrieb: „Ich bin nicht allein aus eigenem Antrieb und Wunsch zu dir gekommen, sondern auch im Auftrag des Maha Chohan, dessen Einsicht die Zukunft wie eine offene Seite liegt." Während „Chohan" tibetisch ist, ist „Maha" ein Sanskrit-Wort und bedeutet „groß", also ist der Begriff „Maha Chohan" eigentlich eine Sanskrit-Tibetanische Konjunktion. Nicht nur diese eine Person wird als Chohan bezeichnet. Es gibt viele Chohans - unterschiedlich eingeweiht - die alle Teil einer verborgenen esoterischen Bruderschaft auf der Erde sind. Der Begriff wird auch verwendet, wenn von himmlischen Wesen oder spirituellen Wesenheiten gesprochen wird, die in den Lehren der Theosophie oft als Dhyan Chohans bezeichnet werden. „Dhyan-Chohan ist ein Oberbegriff für alle Devas oder himmlischen Wesen", sagt H.P. Blavatsky auf S. 47 von „Transaktionen der Blavatsky-Loge". In den beiden Bänden von „Die Geheimlehre" gibt es viele Hunderte von Hinweisen auf Dhyan Chohans, und es wird gelehrt, dass sie in sieben verschiedenen Hierarchien existieren. Erwähnt werden „die vier Maharadschas" oder die großen Könige der Dhyan-Chohans, die Devas, die jeweils über einer der vier Himmelsrichtungen präsidieren. Sie sind unter anderem die Regenten oder Engel, die über die kosmischen

Kräfte des Nordens, Südens, Ostens und Westens herrschen, wobei jede von ihnen eine unterschiedliche okkulte Eigenschaft hat. Diese WESEN sind auch mit Karma verbunden, da letzteres physische und materielle Mittel benötigt, um ihre Verordnungen auszuführen, wie zum Beispiel "die vier Windarten“. Wie im bereits erwähnten Online-Glossar zum tibetischen Buddhismus erwähnt, kann ein solches Wesen im Eintrag für „chos skyong“ oder „chokyong“ entweder „weltlich“ (tugendhafte samsarische Wesen) oder „Weisheits-Dharma-Beschützer“ (Emanationen von Buddhas oder Bodhisattvas)“ genannt werden.

Wie dem auch sei, befasse dich mit der Lehre. NUR DANN wirst du wirklich verstehen, wer der MAHA CHOHAN wirklich ist!

Der Leser versteht nun die Notwendigkeit des

BUCHES DES LICHTS.

EHRE SEI DEM BUCH DES LICHTS. OM.

## Mehr vom Autor Christian Anders

Romantisches

***Der Brief***
*ISBN: 978-3-949377-06-8; 191 Seiten; deutsch*
***Der Freigänger***
*ISBN: 978-3831143122; 114 Seiten; deutsch*
***Der Untergang von Taro Torsay***
ISBN: 978-3-937699-07-3; 104 Seiten; deutsch
***Die Mauer. Liebe ist stärker.***
ISBN: 978-3-937699-44-8; 204 Seiten; deutsch
***Karatemeister Steve Tender. Odyssee der Rache.***
ISBN: 978-3-937699-12-7; 155 Seiten, deutsch

Kritisches

***The Man W.H.O. created AIDS***
*ISBN: 978-3831106226; 514 Seiten; englisch*
***Der Mann, der AIDS erschuf***
*ISBN: 978-3-937699-39-4; 300 Seiten; deutsch*
***Darwin irrt!***
ISBN: 978-3-937699-00-4; 182 Seiten; deutsch
***Der wahre Bankenschwindel***
*ISBN: 978-3-937699-96-7; 212 Seiten; deutsch*
***DER RUB€L MUSS ROLLEN***
*ISBN: 978-3-937699-15-8; 227 Seiten; deutsch*
***Der Euro Crasht. Was dann?***
ISBN: 978-3-937699-29-5; 92 Seiten; deutsch
***Der Impfwahnsinn. Impfen – die Lüge des Jahrhunderts***
ISBN: 978-3-937699-30-1; 139 Seiten; deutsch
***Grippewelle durch Chemtrails***
ISBN: 9783937699738; 120 Seiten; deutsch
***CORONA. Fakt oder Fake?***
ISBN: 9783937699912; 208 Seiten; deutsch

Biografisches
***Über Nacht ein Star***
ISBN: 978-3-937699-02-8; 452 Seiten, deutsch

Esoterisches

***The Secret of the seven Seals***
ISBN: 978-3-949377-10-05; 104 Seiten; englisch

***Das Geheimnis der sieben Siegel***
ISBN: 978-3-937699-47-9; 55 Seiten; deutsch

***Divine Message from the True God***
ISBN: 978-3898118620; 176 Seiten; englisch

***Der Sinn des Lebens – NIRVANA***
ISBN Band I: 978-3898114295; 484 S.; deutsch
ISBN Band II: 978-3898114301; 500 S.; deutsch

***Seelenatem-Meditation***
ISBN: 978-3-937699-71-4; 84 Seiten; deutsch

***Die wahre Bedeutung der Bibel sowie die Wahrheit über Jesus Christus***
ISBN: 978-3-937699-06-6; 219 Seiten; deutsch

Doppelband: Zwei in einem! Englisch und Deutsch!
***Die Botschaft des wahren Gottes NIRVĀNA & Divine Message from the True God***
ISBN: 978-3-937699-13-4; 268 Seiten

***Dantes Internet Inferno***
ISBN: 978-3-937699-34-9; 90 Seiten; deutsch

***Das Geheimnis des vollen Haares***
ISBN: 978-3-937699-42-4; 90 Seiten, deutsch

***Das illustrierte Buch des Lichts***
ISBN: 978-3-937699-21-9; 81 Seiten; deutsch

***Das Buch des Lichts für Kinder***
ISBN: 978-3-937699-40-0; 46 Seiten, deutsch

***The Book of Light for children***
ISBN: 978-3-937699-81-3; 46 Seiten, englisch

***Das Buch des Lichts, Band I***
ISBN: 978-3-937699-05-9; 151 Seiten; deutsch

***Das Buch des Lichts, Band II***
ISBN: 978-3-937699-10-3; 142 Seiten; deutsch

***Das Buch des Lichts Band III***
ISBN: 978-3-937699-26-4; 142 Seiten; deutsch

***Das Buch des Lichts Band IV***
ISBN: 978-3-937699-32-5; 150 Seiten, deutsch

***Das Buch des Lichts Band V***
ISBN: 978-3-937699-36-3; 186 Seiten, deutsch

***Das Buch des Lichts Band VI***
ISBN: 978-3-937699-38-7; 162 Seiten, deutsch

***Das Buch des Lichts Band VII***
ISBN: 978-3-937699-41-7; 189 Seiten, deutsch
***Das Buch des Lichts Band VIII***
ISBN: 978-3-937699-46-2; 160 Seiten, deutsch
***Das Buch des Lichts Band IX***
ISBN: 978-3-937699-48-6; 184 Seiten, deutsch
***Das Buch des Lichts Band X***
ISBN: 978-3-937699-49-3; 174 Seiten, deutsch
***Das Buch des Lichts Band XI***
ISBN: 978-3-937699-80-6; 166 Seiten, deutsch
***Das Buch des Lichts Band XII***
ISBN: 978-3-937699-98-1; 164 Seiten, deutsch
***Die wahren Herrscher der Welt***
ISBN: 978-3-937699-69-1; 64 Seiten, deutsch
***Was die Engel uns lehren***
ISBN: 978-3-937699-77-6; 158 Seiten, deutsch

Kinderbücher
***Das Buch des Lichts für Kinder***
ISBN: 978-3-937699-40-0; 46 Seiten, deutsch
***The Book of Light for children***
ISBN: 978-3-937699-81-3; 46 Seiten, englisch
***Die Abenteuermaus und der Gurkenpilot (mit Ausmalteil)***
ISBN: 9783937699851; 44 Seiten; deutsch
***Die Abenteuermaus und das traurige Mammut (mit Ausmalteil)***
ISBN: 9783937699875; 66 Seiten; deutsch
***Die Abenteuermaus und die CORONA Helden (mit Ausmalteil)***
ISBN: 9783937699165; 69 Seiten; deutsch
***Die Abenteuermaus und der Klimawandel (mit Ausmalteil)***
ISBN: 9783937699516; 59 Seiten; deutsch
***Die Abenteuermaus und der Koala Bär (mit Ausmalteil)***
ISBN: 9783937699936; 59 Seiten; deutsch
***Die Abenteuermaus und die Marsmännchen (mit Ausmalteil)***
ISBN: 9783937699523; 59 Seiten; deutsch
***Die Abenteuermaus und der entführte Osterhase (mit Ausmalteil)***
ISBN: 9783949377006; 49 Seiten; deutsch
***Die Abenteuermaus und der Zirkusclown (mit Ausmalteil)***
ISBN: 9783949377020; 46 Seiten; deutsch

***Die Abenteuermaus und der Wal mit dem Schluckauf (mit Ausmalteil)***
ISBN: 9783949377044; 46 Seiten; deutsch

Christian Anders auf CD und DVD

***Doppel-DVD zum Aids-Buch: The Man Who Created Aids (englisch!),***
ISBN: 978-3-937699-08-0
***DVD Christian Anders - Sänger, Autor und vieles mehr***
ISBN: 978-3-937699-09-7
***DVD Christian Anders liest: Der wiedererwachte Ursprung aller Religionen***
*ISBN: 978-3-937699-11-0*
***DVD Christian Anders liest: Die Finanzkrise – geplant oder zufällig?***
*ISBN: 978-3-937699-17-2*
***DVD Christian Anders liest: Impfen – die Lüge des Jahrhunderts***
*ISBN: 978-3-937699-22-6*
***DVD Christian Anders liest: Das Rätsel der Sphinx – Zum ersten Mal gelöst***
*ISBN: 978-3-937699-28-8*
***DVD Christian Anders liest: Waren Adam und Eva wirklich die ersten Menschen auf Erden?***
*ISBN: 978-3-937699-27-1*
***DVD Christian Anders liest: Pädophilie - das Ende der Religionen. DAS BUCH DES LICHTS - ein neuer Anfang***
ISBN: 978-3-937699-23-3
***DVD Christian Anders liest: Darwin irrt: Der Mensch stammt nicht vom Affen ab, umgekehrt wird ein Schuh draus!***
ISBN: 978-3-937699-24-0

Hörbücher von Christian Anders

***Hörbuch: Das Geheimnis der Sieben Siegel (1 Audio-CD)***
ISBN: 978-3-937699-37-0
***Hörbuch: Seelenatem-Meditation (3 Audio-CD)***
ISBN: 978-3-937699-43-1
***Audio-CD zum Buch "Darwin irrt": Die Enthüllung***
ISBN: 978-3-937699-03-5

e-books von folgenden Bänden verfügbar:

***Das Buch des Lichts, Band I -12***
***Das Buch des Lichts für Kinder***
***The book of light for children***
***Das Geheimnis des sieben Siegel***
***Seelenatem Meditation***
***Das Geheimnis des vollen Haares***
***Die Mauer. Liebe ist stärker***
***Der Impfwahnsinn***
***Grippewelle durch Chemtrails***
***Dantes Internet Inferno***
***Das illustrierte Buch des Lichts***
***Der Mann der Aids erschuf***
***Darwin irrt***
***Karatemeister Steve Tender***
***Seelenatem-Meditation***
***Die Botschaft des wahren Gottes NIRVĀNA & Divine Message from the True God***
***CORONA. Fakt oder Fake?***
***Abenteuermaus - alle Bände***

## Zum Thema e-book

Die von BoD konvertierten Dateien entsprechen höchsten Qualitätsstandards und funktionieren auf allen gängigen Lesegeräten wie Kindle, iPad, Sony Reader, Bookeen, Tolino etc. BOD konvertiert überwiegend ins EPUB-Format, erstellt aber bei komplexeren Titeln spezielle .mobi-Dateien für Amazon. Um auf allen Geräten optimale Ergebnisse und Leseerlebnisse zu erreichen, wird dafür gesorgt, dass zum Beispiel für Apple und Amazon oder die Anzeige in Adobe Digital Editions auf dem PC Besonderheiten bzw. zusätzliche Informationen in der EPUB-Datei vorhanden sind.
Quelle: www.bod.de

**Bestellen und mehr Info**


Verlag Elke Straube
01778 Geising,
Lindenallee 18
Fon: 0174/13 34 337
Fax: 035056/23784
Internet : www.straube-verlag.com
elke.straube@web.de


**Bestellen:**

www.amazon.de,
elke.straube@web.de
oder in jeder Buchhandlung!

**Mehr über die Bücher von Christian Anders:**

www.christiananders.com
www.straube-verlag.com
www.amazon.de

*"Jedes Wort in Sanskrit ist eine heilige Mantra."*

(Lanoo)